LES ÉTATS
DU NÉBOUZAN

ERRATA

Pages 15, 41, 42 et 122, *lisez* : pays d'États, *au lieu de* pays d'État.

Page 28, ligne 19, *lisez* : 1789, *au lieu de* 1788.

— 44, — 10, *lisez* : les derniers temps, *au lieu de* dans les derniers temps.

Page 62, ligne 6, *lisez* : et de porter, *au lieu de* qui portera.

— 67, — 6, *lisez* : tout est préparé, *au lieu de* en préparé.

— 67, — 25, *lisez* : améliorées, *au lieu de* améliorés.

LES

ÉTATS DU NÉBOUZAN

TENUS A SAINT-GAUDENS EN 1743 ET 1789

RÉUNION A MURET DES ÉTATS DE COMMINGES, NÉBOUZAN ET COUSERANS

POUR ÉLIRE LES DÉPUTES AUX ÉTATS GÉNÉRAUX DE 1789

AVEC

APPENDICES ET CATALOGUE DE LA COMPOSITION DES ÉTATS

PAR

ALPHONSE COUGET

Président du Tribunal de Muret
Membre correspondant de la Société archéologique du Midi de la France
et de la Société archéologique et historique de Tarn-et-Garonne

SAINT-GAUDENS	TOULOUSE
ABADIE, IMPRIMEUR-LIBRAIRE	ÉD. PRIVAT, LIBRAIRE-ÉDITEUR

1880

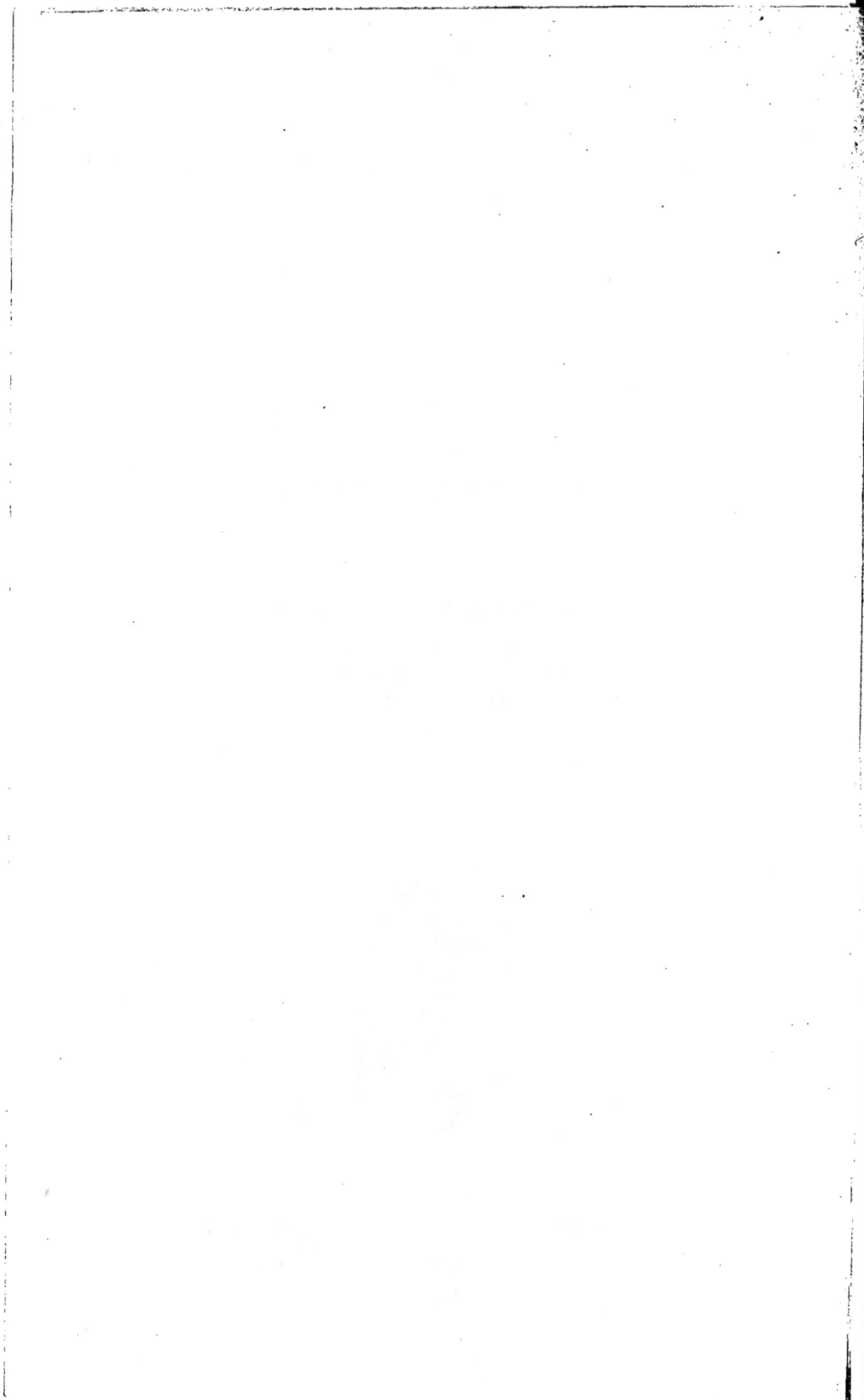

Le titre même de ce modeste travail indique assez que ce n'est pas l'histoire complète du Nébouzan, de son organisation administrative et judiciaire, que nous avons voulu entreprendre. Les documents nous ont fait défaut pour cette histoire générale, et nous laissons au zèle patient de quelques érudits compatriotes le soin de réunir et de coordonner les matériaux d'une œuvre qui mérite véritablement ce nom d'histoire de notre ancienne vicomté[1].

On ne pourra pas s'étonner pourtant, qu'avant d'arriver à ce qui fait plus particulièrement l'objet de cet opuscule, nous ayons cru devoir dessiner rapidement ce qu'on pourrait appeler la constitution géographique du petit pays qui nous occupe et fournir, sur son organisation dans le courant du siècle dernier, quel-

---

1. Les documents divers que nous avons consultés portent tantôt *la* vicomté, tantôt *le* vicomté. Sauf dans la reproduction littérale des textes, c'est la première locution que nous adoptons. Du reste, les dictionnaires portent vicomté (*s. f.*)

ques données indispensables. Nous avons signalé les vicissitudes qu'il traversa, ayant appartenu tour à tour au comté de Comminges, au comté de Béarn et à celui de Foix, parce que l'on trouve là, en partie du moins, l'explication de l'attitude et du langage de ses représentants dans la réunion des États à Muret, en 1789, et de la résistance qu'y rencontrèrent quelques-unes de ses revendications.

Notre dessein principal a été, en essayant de reproduire la physionomie de nos anciennes assemblées locales, de donner quelque idée de l'administration et des ressources du pays de Nébouzan, au XVIIIᵉ siècle.

Pour atteindre plus complétement ce résultat, nous eussions été heureux d'avoir à notre disposition un plus grand nombre de procès-verbaux des États. Faute de matériaux, nous avons dû ne présenter qu'une simple notice sur un sujet plein d'intérêt pour nous, comme tout ce qui se rapporte à notre pays natal.

A. C.

PREMIÈRE PARTIE

LES ÉTATS DU NÉBOUZAN EN 1743 ET 1789

I

Strabon et Pline signalent tous les deux l'existence, au temps des Convenæ[1] et dans leur voisinage, sur la rive gauche de la Garonne, d'une tribu celtibérienne formée par les Onobusates ou Onobrisates, dont le pays, en langage gallo-romain, prit la dénomination de *Nebuzatus ager*, d'où Nébouzan.

L'histoire primitive de ce petit peuple est fort obscure. On sait seulement qu'il fut évangilisé par saint Saturnin[2], premier apôtre de ces contrées, et qu'il embrassa avec ardeur la foi chrétienne, y demeurant

---

1. Pays dont Lugdunum Convenarum (plus tard Saint-Bertrand de Commingcs) fut la capitale.

2. Il y avait eu, jusqu'en ces derniers temps, bien des incertitudes sur l'époque exacte de l'apostolat de saint Saturnin. Il est aujourd'hui démontré que ce saint vint à Toulouse sous le règne de Claude, envoyé par saint Pierre lui-même.

inébranlablement attaché malgré les persécutions que lui firent subir les Ariens et dont Sidoine Apollinaire nous a laissé le saisissant tableau[1].

Ce territoire devint, avec le titre de vicomté, un fief important du comté de Comminges, dont il fut séparé, au XIIe siècle, par suite du mariage d'une fille de Bernard V qui l'apporta en dot à Gaston VII, comte de Béarn. Ce dernier, en mariant sa fille Marguerite avec Roger Bernard, fit passer le Nébouzan au comté de Foix. Plus tard, cette vicomté fit retour au Comminges ; mais, parce qu'elle avait appartenu à la maison d'Albret comme le Béarn lui-même, ces seigneurs ne cessèrent pas de la considérer comme étant dans leur mouvance. Aussi est-il incertain pour nous si le Nébouzan fut réuni à la couronne par Henri IV, descendant des sires d'Albret par sa mère, ou s'il ne l'avait pas déjà été par l'extinction des comtes de Comminges, vassaux des ducs d'Aquitaine, en 1548.

A l'origine, le Nébouzan avait eu pour chef-lieu le bourg de Cieutat *(civitas),* dans la viguerie de Mauvezin (Hautes-Pyrénées). S'il faut en croire un document datant de 1363, Saint-Gaudens n'en serait devenue la capitale qu'en 1343. On lit, en effet, dans une requête présentée par les consuls de cette ville

---

Sa mort se place vers la fin du Ier siècle.

Voir *l'Art de vérifier les dates ;* les *Éléments de paléographie,* de Wailly ; *Vie de saint Saturnin,* par M. l'abbé Latou, et *Manuscrit de Florence* (XIe siècle), etc.

Saint Saturnin fit bâtir, au lieu qui s'appela plus tard Saint-Gaudens, une église dédiée à saint Pierre. Elle fut remplacée par la belle basilique romane que les comtes de Comminges édifièrent aux XIe et XIIe siècles, et qui est classée parmi les monuments historiques. Un archéologue distingué, M. Morel, notre compatriote, en a donné une consciencieuse monographie.

1. Voir notamment, à ce sujet, *Saint Gaudens, martyr,* par M. Abadie, 1853.

au juge réformateur : « Il vous est représenté que la ville de Saint-Gaudens est la capitale dudit vicomté de Nébousan, depuis l'union faite d'icelle par Gaston, comte de Foix, le 3 juin 1334, suivant la commission de feu Philippe de Valois, adressée au sénéchal de Toulouse et au juge de Rivière, étant auparavant des dépendances du comté de Comminges, depuis lequel temps ont reconnu, les habitants de ladite, tous les comtes dudit Nébousan comme seigneurs immédiats. »

Quoi qu'il en soit, le choix de Saint-Gaudens se justifiait par la position plus centrale de cette ville, dominant la vallée de la Garonne, et plus avantageuse au point de vue des opérations militaires. C'était l'ancien Petit-Mas, Mas de Comminges ou Mas Saint-Pierre, qui prit le nom du jeune martyr Gaudens, immolé par le wisigoth Malet, en l'an 475, et qui a été mis au nombre des confesseurs du Christ. Ce lieu était bien propre à l'établissement d'une agglomération, dans une contrée fertile et en face du splendide panorama qui se déroule au midi, dans un de ces sites dont la beauté immuable a le don de séduire l'homme à travers les âges[1]. Aussi la ville devint-elle prospère dès le XIVᵉ siècle, grâce à la fabrication des gros draps, à ses tanneries et à son commerce de tout ce qui venait d'Espagne par le val d'Aran. De bonne heure, cette ville eut ses franchises municipales dont la cloche, qui figure dans ses armes, est l'expressive signification. Elle eut le bonheur de les faire toujours reconnaître par ses suzerains et Louis XIV les confirma à son tour dans la charte de 1665[2].

1. « Clara situ, speciosa solo, jucunda fluentis. »

2. Chaque fois que la ville changea de maître, elle eut la sage précaution de se faire confirmer ses franchises municipales. En 1334, elle présenta au comte de Foix sa charte écrite en patois ; il se rendit avec les députés de la ville devant le délégué du sénéchal de Toulouse et

On voit, par un procès-verbal du subdélégué de la chambre des comptes de Navarre pour *la réformation de la ville de Saint-Gaudens en Nébousan,* qu'elle possédait quatre magistrats appelés *consuls,* élus[1] par les voix de vingt-quatre conseillers qui étaient eux-mêmes choisis dans les quatre quartiers de la ville ; que lesdits consuls exerçaient la justice civile, criminelle et de la police dans la juridiction du district de la ville, assistés d'un ou deux assesseurs et d'un greffier ; que ces quatre magistrats de la commune avaient droit de séance aux États de Nébousan, *comme étant les premiers de la vicomté,* portant une robe longue et un chaperon, le tout demi-parti de rouge et de noir[2] ; enfin, que la cité jouissait depuis un temps immémorial, outre du droit de chasse, d'être exempte de toutes charges ordinaires et extraordinaires, tailles, impositions, gabelles et généralement de toute sorte de subsides, et cela à cause des services que ses habitants avaient rendus à leurs rois, *comme gardes des limites du royaume du côté de l'Espagne.* Les consuls étaient choisis tous les ans à la fête de saint Jean-Baptiste. On n'excluait du vote que les *ivrognes*

prêta serment « de la garder et la faire garder » ; après quoi les députés prêtèrent serment de foi et hommage. — Maltebrun, t. II. page 22.

Après le sac de Saint-Gaudens, par Montgommery, Henri IV fit, en 1602, recueillir les débris des archives de la ville par Sanson, juge réformateur des domaines royaux, rendant ainsi hommage aux institutions municipales de la ville de Saint-Gaudens.

1. L'élection avait lieu à deux degrés.

2. Ils portaient, en effet, une robe longue et un chaperon, mi-parti comme il vient d'être dit, « servant de livrée pour intimider et donner frayeur aux méchants et contenir les bons dans le devoir, le tout de drap de France paré et garni de satin noir. »

Voir encore, sur les consuls de Saint-Gaudens, le supplément, à la fin de la première partie.

ordinaires et en général les gens pratiquant des *métiers de vile abjection.*

Nous avons dit que l'industrie des draps s'était de bonne heure établie à Saint-Gaudens ; mais il paraît que la teinture s'y faisait d'une manière défectueuse ; car on lit, dans un procès-verbal de l'assemblée du commerce, tenue en l'hôtel de ville de Toulouse, le 8 janvier 1728, « qu'il serait utile de faire défense à toutes personnes de s'ingérer à teindre, qu'elles n'eussent auparavant fait leur apprentissage à Toulouse et eussent été reçues maîtres après examen. »

Ce n'était pas seulement par son commerce que le chef-lieu du Nébouzan avait acquis une certaine importance ; il était devenu un centre administratif en même temps qu'il avait été choisi pour siége des États du pays. L'ancienne maîtrise des eaux et forêts du Comminges qui, avant Colbert, n'avait pas eu de siége déterminé, y eut sa résidence vers 1660, et elle s'étendit sur toute la région méridionale du comté, comprenant le bassin supérieur de la Garonne, la gruerie de Saint-Girons pour les bois du Couserans et du Castillonez, la châtellenie de Salies, celle d'Arrau pour les vallées d'Aure, de Lauron et de Barcilles. Elle se composait d'un maître particulier, d'un lieutenant, d'un garde-marteau, d'un procureur du roi et d'un greffier.

Le 5 mars 1746, on y instituait une inspection des manufactures étendant son ressort jusque sur le petit Comminges ou Comminges-Languedocien, par opposition au Comminges-Gascon, et ayant pour villes Valentine et Saint-Béat.

Quant à la judicature civile de Nébouzan, il est certain qu'elle a toujours été qualifiée *sénéchaussée.* Toutefois, on lit dans les *Observations sur le ressort*

du grand bailliage de Toulouse, en l'année 1788[1] :
« Cette juridiction royale de Nébousan, appelée sénéchaussée, ne peut être de la qualité des sénéchaussées dont le législateur a entendu parler dans l'art. 2
de l'ordonnance sur l'administration de la justice. »

Les commissaires royaux représentent qu'il y a
bien dans la vicomté un sénéchal d'épée au nom de
qui se rend la justice, « mais que le prétendu sénéchal de Nébousan n'a jamais eu de juge de ressort ;
qu'il ne ressortit point nuement au parlement ; qu'il
n'a jamais connu des cas royaux et autres attribués
par les ordonnances aux bailliages et sénéchaussées ;
qu'enfin les appels dans toutes les autres matières
ont toujours été dévolus au grand bailliage de Toulouse comme sénéchaussée... Nous observerons, en
outre, ajoutent les commissaires, que cette sénéchaussée de nom n'est réellement qu'une simple judicature
royale, par sa composition même qui n'est que de
deux officiers, savoir : le juge-mage et le procureur du
roi ; que le premier tient seul les audiences, et que,
dans les procès écrits, il se fait assister des gradués
ou praticiens du siége. »

Déjà, en 1698 et dans son *Mémoire sur la généralité de Montauban,* M. de La Houssaye s'exprimait
ainsi : « Il y a un sénéchal en Nébousan[2], qui est
le vicomte d'Erce. La justice s'y exerce au nom du
roy par le juge de Saint-Gaudens avec un procureur

---

1. Archives de la Haute-Garonne, c. 62 [papiers de la subdéléga-
tion de Toulouse].

2. L'orthographe de ce mot varie suivant les époques ; il y a tantôt
un *s* et tantôt un *z*. Les historiens du Languedoc l'écrivent toujours
avec un *s*.

Quant aux variantes que pourra présenter l'orthographe de divers
noms de personnes ou de lieux, elles ne sont pas notre fait mais
celui du rédacteur des procès-verbaux.

du roy. Quoique cette justice ait le nom de sénéchaussée, les appellations des jugements qui s'y ren-
dent sont portées, en tous cas, au sénéchal et présidial
du siége de Toulouse. Dans les terres de La Barthe,
d'Ardiége, de Gourdan, de Barbazan et de La Bro-
quère, la justice y est exercée, par prévention, avec le
juge de Saint-Gaudens, par quatre gentils homes,
appelés *curiaux* de Rivière, seigneurs dudit lieu, qui
tiennent un assesseur sur les lieux. »

En compulsant les registres d'audience depuis le
commencement du siècle dernier, nous avons constaté
que, si l'officier qui juge s'intitule *lieutenant de la
sénéchaussée,* depuis l'année 1758 surtout, il prend
aussi et auparavant la qualité de *juge-mage.*

Un mot sur l'institution des sénéchaux[1] éclaircira
la confusion que la réunion de ces deux qualités a pu
faire naître. D'après certains auteurs, en effet, les
sénéchaux de province n'étaient à l'origine que des
commissaires du roi, envoyés pour voir si la justice
était bien rendue par les prévôts, vicomtes et viguiers. A partir de Louis XI, ils devinrent, en quelque
sorte, les représentants du pouvoir exécutif dans les
provinces ou districts où ils étaient institués. Dans les
pays d'États, comme le Nébouzan, ils étaient délégués
pour présider les assemblées. On les appelait *sénéchaux d'épée* ou de *robe courte,* et le juge royal ou
juge-mage de leur circonscription s'intitulait leur lieutenant. Les actes et sentences étaient revêtus de leur
scel et l'exécution en était requise en leur nom ; mais

1. Lorsque saint Louis agrandit son domaine, dans les provinces qui
avaient autrefois appartenu aux seigneurs il plaça des sénéchaux rem-
plissant les fonctions assez indéterminées de baillis, et chargés,
comme les comtes des deux premières dynasties, de percevoir les revenus royaux.

Voir Beugnot, *Essai sur les institutions de saint Louis.*

ils ne rendaient pas eux-mêmes la justice. Ce droit n'appartenait qu'aux *sénéchaux de robe longue,* siégeant en tribunal ayant son ressort et sa compétence particulière. On disait le sénéchal de Toulouse[1], de Rennes, etc..., lieux dans lesquels l'administration de la province appartenait à l'intendant ou à son délégué. A la différence des sénéchaux de justice ou de robe longue, les sénéchaux d'épée avaient le commandement de la force armée ; ils étaient chargés de conduire le ban et l'arrière-ban de la milice.

On appelait encore sénéchal, le principal officier de quelques justices seigneuriales.

Cette charge de sénéchal de robe longue fut supprimée dans le courant de l'année 1788, ainsi que celle de bailli ordinaire. Parmi les juridictions inférieures, les présidiaux seuls furent conservés, avec pouvoir de juger sans appel certaines affaires. Déjà un édit de 1580 avait beaucoup étendu leur compétence, même en matière criminelle[2].

Quant aux commissaires de 1788, cités plus haut, ils s'étaient appliqués à rechercher pourquoi la juridiction de Saint-Gaudens n'avait pas cessé de porter le nom de sénéchaussée. « Nous hasarderons, disaient-ils, quelques conjectures qui pourront conduire à un éclaircissement. Le pays de Nébousan est un petit canton qui, quoique situé dans l'ancien comté de

---

1. Il y avait dans le siége de la sénéchaussée de Toulouse, en 1788, un lieutenant général, un lieutenant criminel, un lieutenant principal, deux lieutenants particuliers, treize conseillers, un procureur et deux avocats du roi, de plus un greffier en chef ; en tout vingt-deux offices.

2. Isambert, t. xiii, p. 218 ; t. xiv, p. 485, et Minier, *Hist. du droit français.* — L'édit de Henri II, de 1551, avait fixé le taux du dernier ressort des présidiaux jusqu'à concurrence de 250 livres. Un édit postérieur étendit leur compétence jusqu'à 1000 livres en capital ou 50 livres de rente et leur permit de connaître de l'exécution de leurs jugements.

Comminges, forme néanmoins un petit territoire particulier qui a même le privilége de répartir ses impositions et d'avoir à cet effet des États particuliers qui se tiennent tous les ans dans la petite ville de Saint-Gaudens et y durent l'espace de vingt-quatre heures[1]. M. le comte d'Erce, sénéchal d'épée, a l'honneur d'y présider, étant ordinairement choisi pour y remplir les fonctions de commissaire du roi[2].

» Ces États particuliers, ce privilége de régler séparément ses impositions, donnent lieu de croire que le Nébousan n'a été réuni à la couronne que postérieurement à la réunion du comté de Comminges; de là la source de cette juridiction toute particulière, de là le droit du *sénéchal* de Nébousan de connaître en première instance de toutes les contestations qui pouvaient s'élever entre les habitants dans toute son étendue... Cette même juridiction a dû lui mériter originairement une dénomination distincte des juridictions voisines. Après la réunion de ce pays à la couronne, les États de ce petit territoire ont dû solliciter de la bonté de nos rois la continuation de cette distinction, et il est à présumer qu'ils ont alors obtenu pour cette juridiction la qualification honorable de sénéchal, et même un sénéchal d'épée au nom duquel se rend la justice; mais ce n'était qu'une sénéchaussée de nom; et, dans le fait, elle n'a été regardée que comme une simple juridiction royale. »

Du reste, au cours de cette même année 1788, M. Manent, subdélégué de Toulouse, insistait vive-

1. Plusieurs procès-verbaux donnent un démenti à cette affirmation. La session durait parfois jusqu'à cinq jours.

2. Les États de 1762 avaient été cependant présidés, pour le roi, par monseigneur le duc de Richelieu, gouverneur de la Guienne.
Voir *Mes Ennuis,* par M. l'abbé Bordages. Amsterdam, 1733.

ment pour qu'on établit à Saint-Gaudens un présidial, juridiction qui ne comportait pas moins de quatorze officiers, les gens du roi compris. Il proposait d'annexer au Nébouzan toutes les paroisses dépendantes de la sénéchaussée d'Auch et « dont plusieurs sont situées sur les frontières d'Espagne, ce qui formerait un district très-considérable et très à portée des plaideurs, puisque la ville de Saint-Gaudens se trouve au débouché de nos montagnes où fourmillent les procès. » Le subdélégué fait d'ailleurs remarquer dans son mémoire « que la petite ville de Saint-Gaudens n'est si méprisable qu'on veut le faire entendre. Sans doute son *sénéchal* n'est composé que de deux officiers ; mais il y a de plus un siége de maîtrise où tous les offices sont remplis et dont les titulaires sont assez instruits. La ville est d'ailleurs très-habitée à cause des États du petit pays de Nébousan qui s'y tiennent annuellement, et il serait peut-être moins difficile d'y trouver des sujets propres à la composition d'un présidial que dans bien d'autres villes plus considérables. On y a en général de la sagacité et des connaissances [1]. »

Nous serions tenté d'adresser à M. le subdélégué Manent des remercîments posthumes, et nous resterons sous l'impression d'une appréciation si flatteuse pour notre patriotisme local... Il n'en fut pas moins décidé que le Nébouzan, avec son juge-mage et son titre simplement honorifique de sénéchaussée pour la justice, resterait dans le ressort du sénéchal de Toulouse.

---

1. Archives de la Haute-Garonne, c. 62.

Au moment où le Nébouzan cessa d'exister, il avait une étendue d'environ trente lieues carrées. Il dépendait de la généralité d'Auch et de la sénéchaussée de Toulouse, c'est-à-dire que, pour les finances il ressortissait au bureau du trésorier de France ou général des finances résidant à Auch, et que, pour la justice, il était, nous l'avons vu, sous le contrôle du sénéchal de Toulouse. La plupart de ses paroisses appartenaient au diocèse de Comminges. Il se composait de cinquante-neuf communautés, villes ou villages, réparties en quatre châtellenies et une viguerie. Ce dernier terme signifiait le ressort d'un juge de première instance qui n'avait pas partout les mêmes fonctions, mais dont l'office approchait néanmoins beaucoup de celui des juges royaux subordonnés aux baillis ou sénéchaux. Les *viguiers* étaient, à l'origine, les lieutenants particuliers des comtes ou gouverneurs des villes et avaient, sous le nom de vicomtes, des attributions aussi étendues que ceux dont ils tenaient leurs pouvoirs. A mesure que les justices royales gagnèrent du terrain sur les justices particulières, leur magistrature diminua d'importance et finit par n'être plus que d'ordre inférieur. On appelait *châtellenie* l'étendue de la juridiction d'un seigneur investi du droit de posséder un château entouré de fortifications, et dont la terre érigée en châtellenie conférait le droit de justice. Ces dénominations furent conservées à certaines circonscriptions jusqu'aux derniers temps de l'ancien régime.

Le Nébouzan comprenait donc : 1° la châtellenie de Saint-Gaudens, composée seulement de la ville de ce nom et du bourg voisin de Miramont; 2º la châtellenie de Cassagnebère, avec : Cassagnebère, patrie du cardinal d'Ossat[1], Lannemezan, Pinas, Peyrouzet, Tuzaguet, Escala, Aulon, Saint-Élix, Seiglan, Ramefort; 3º la châtellenie de Saint-Plancard, avec : Saint-Plancard, La Roque, Balesta, Franquevieille, Loudet, Le Cuing, Lodes, Espugue, Sarrecave, Montmaurin, Nizan, Blajan; 4º celle de Sauveterre, s'étendant seulement sur six communautés : Sauveterre, Labarthe-de-Rivière, Ardiége, Barbazan, Labroquère et Gourdan; 5º la viguerie de Mauvesin ou Mauvaisin, vers le Bigorre, se composant dudit lieu de Mauvesin et des communautés d'Avezac, Capbern ou Capvern, La Grange, Bégole, Tilhouse, Lutilhous, Laborde ou Lasbordes, Péré, Gourgue, Bourg, Sarlabous, Benqué, Baixère, Espèche, Lomné, Bulan, Asque, Marsas, Fréchendets, Espieil, Bettes, Castillon, Uzer, Cieutat, Poumaroux, Chelle, Artigami.

Nous ferons ici une observation : c'est qu'il n'y avait aucune concordance, dans l'ancien régime, entre les circonscriptions administratives, diocésaines, judiciaires et financières. Pour ne prendre qu'un exemple dans le Nébouzan, la communauté de Labroquère dépendait, pour la justice, du présidial de Pamiers dans le pays de Foix[2].

III

Telles étaient les populations dont les trois ordres envoyaient leurs représentants aux États de Nébouzan

1. Ce fut aux soins de ce prélat qu'Henri IV dut l'absolution du Saint-Siége. On a retrouvé récemment, dans une modeste maison du pays, une partie de la correspondance du cardinal avec ce roi.

2. Voir M. Victor Fons, *Souvenirs historiques de l'Ariége.*

qui s'assemblaient chaque année à Saint-Gaudens.
Elles appartenaient en effet à un *pays d'état* où l'assemblée des trois ordres votait tous les ans et répar-
tissait les impôts, à la différence des *pays d'élection*
dans lesquels les représentants élus des trois ordres
ne votaient pas la quotité des contributions et n'a-
vaient pour mission que de les répartir, sous la direction de l'intendant royal qui les gouvernait. En
outre des franchises particulières appartenant à telle
ou telle communauté de la circonscription, comme
celles dont a toujours joui le chef-lieu du Nébouzan,
il y avait, au profit des pays d'État, plus d'indépen-
dance et une plus grande garantie d'équité dans l'assiette et la répartition des charges publiques.

Nous devons à une obligeante communication de
pouvoir présenter ici le résumé d'une des plus lon-
gues sessions des États qui ait été tenue au XVIIIᵉ siècle, et qui dura du 18 au 21 février 1743, « sous la
présidence[1] de messire Jean-Pierre Gaston de Sirgan,
comte d'Erce, vicomte de Couserans et d'Aulus, baron
de Castelnau-Picampeau, seigneur de Paulastron-
Bourjac et d'Auban, sénéchal et gouverneur de la
vicomté de Nébousan, conseiller du roi en ses conseils, commissaire de Sa Majesté pour convoquer et
tenir les États pour ladite année, nommé et député
par les lettres patentes du seizième novembre mil sept
cent quarante-deux, scellées du grand sceau de cire
jaune, signées : Louis, et plus bas Phelippeaux, et à
l'adresse de Mʳ le comte d'Erce et en son absence à
son lieutenant, avec la lettre de cachet du roi. » Ce
document « marquait le désir d'entretenir la coutume
suivant laquelle les États s'assemblaient tous les ans

---

1. D'ordinaire le sénéchal, après avoir convoqué et réuni l'assemblée, y disait quelques mots, puis se retirait.

pour délibérer sur leurs affaires, remédier aux griefs et plaintes, et pour faire la donation la plus forte que le roi souhaite et qu'il est possible auxdits États de faire, ou du moins telle qu'elle a été les années précédentes. »

Le procès-verbal authentique, portant le timbre de la généralité d'Auch, aux droits de deux sols, donne ainsi qu'il suit la composition des États :

Pour le clergé de la vicomté :

Dom Joseph d'Huos, prieur de l'abbaye de l'Escheledieu [Escaladieu], procureur-fondé de messire François de Michel, abbé commendataire de ladite abbaye, suivant l'acte du 4 janvier précédent, reçu par MM^es Toscane et Mouchanau, notaires à Grenoble ; M. Pierre Amouraud, chanoine du chaptire collégial de Saint-Gaudens.

Pour la noblesse :

Messire Charles Despaigne[1], seigneur baron de Ramefort, Cassagnabère et autres lieux ; messire Urbain de Péguillan, baron de Nizan ; messire Arnaud de Cardeillac, seigneur de Loumé ; messire Jacques-Georges de Gestas, seigneur de Montmaurin ; messire Jean de Barsous de Luscan, seigneur de Vidaussan ; messire Bertrand Dispan, seigneur de Floran ; messire Marc-Roger Dupouy de Sacere, seigneur d'Avezac ; messire Joseph de Castillon, seigneur de Chelle ; messire Antoine Dustou de *Sainte-Agème*[2], seigneur de Gousens.

---

1. L'orthographe de ce nom varie dans les divers documents que nous avons sous les yeux. C'est tantôt Despagne, et tantôt d'Espagne ou d'Espaigne. Il s'agit toujours de la même famille, issue des comtes de Comminges et qui eut pour apanage la vicomté de Couserans. La seigneurie de Ramefort lui appartint.

2. *Sic* au manuscrit.

Pour le tiers état :

Châtellenie de Saint-Gaudens : messire Bernard Ferrier, commissaire du roi, lieutenant de la maîtrise de Comminges, premier consul de Saint-Gaudens, assisté des sieurs Bertrand Saux et Alexis Mouraud de Bellefont, ancien capitaine aide-major, ses collègues ; Pierre Ragon, consul de Miramont.

Châtellenie de Saint-Plancard : Raymond Pourthé, député de la communauté de Saint-Plancard ; Bertrand Dhers, consul de Sarremezan ; Antoine Coudau, consul de Lespugue ; Raymond Sarrat, consul de Franquevielle ; Bernard Pourthé, consul du Cuing ; Pierre Barbe, consul de Blajan ; Dominique Fages, consul de Lodes ; Jeannet Souverville, consul de Montmaurin ; Ignace Jacommès, consul de Sarracave ; Baptiste Brun, consul de Balesta ; Michel Beauville, consul de Larroque ; Bertrand Brun, consul de Nizan.

Châtellenie de Sauveterre : Bernard Saint-Paul, consul de Sauveterre ; Guilhaume Gazave, consul de Labarthe ; Charles Fazuille, consul de Barbazan ; Jean Dutrain, consul de Labroquère ; Jean Noguès, consul de Gourdan ; Pierre Monthieu, consul d'Ardiége.

Châtellenie de Cassaignebère [Cassagnebère] : Les sieurs Pierre Delhom, consul de la ville ; Simon Bonnet, consul de Saint-Élix ; Guilhem Samouilhan, consul de Peyrouzet ; Mathieu Cassaigne, consul d'Aulon ; Jean Ricaud, consul de Pinas ; Simon Seix, consul de Lannemezan ; Pierre Duclos, consul de Sciglan ; Joseph Boubée, consul de Gariscan ; Dominique Birabent, consul de Tuzaguet ; Jean Dufaur, consul d'Escala ; Bertrand Péré, consul de Lagrange.

La viguerie de Mauvezin fut représentée par le sieur Bernard Pailhé, député des vingt-six communautés, suivant l'acte sous sa date.

Comme toujours, la session commença par la messe

2

« célébrée dans l'église collégiale, entendue en corps
d'État, » les trois ordres se rendant ensuite au « palais commun[1]. » Une contestation s'éleva sur la présidence, messire Amouraud, chanoine, prétendant
qu'elle lui était dévolue en l'absence de messieurs les
abbés de Nizors, de Bonnefont et de l'Escheledieu, et
comme député du chapitre collégial de la ville. Dom
Joseph d'Huos, prieur de l'abbaye de l'Escheledieu,
en sa qualité de procureur-fondé de l'abbé commendataire, revendiquait cette prérogative. « L'assemblée
des États, après avoir ouï les raisons des parties, messieurs du corps de la noblesse et messieurs du tiers
état s'étant séparés pour prendre leurs opinions,
l'avis de messieurs de la noblesse ayant été que ledit
dom d'Huos, comme représentant le seigneur abbé
de l'Escheledieu, présiderait, à l'exclusion du député
dudit chapitre, et le tiers état ayant été d'un avis
contraire, et M. le comte d'Erce, gouverneur et sénéchal du pays, vidant le partage, a décidé que ledit
dom d'Huos tiendrait rang et séance de président
dans ladite assemblée, les États tenant, et que messire
Amouraud siégerait après ledit dom d'Huos. »

Sur ce Me Simon Peyrade, avocat du roi au siége
de la justice de la ville, requiert la lecture des lettres
patentes d'ouverture des États, et, « après avoir parlé
avec toute l'attention possible au sujet de la donation
à faire au roy, et après avoir remontré la bonté du roy

---

1. Ce palais commun, où se tenaient les États, existait encore il
y a quelques années. C'était « cet hôtel de ville, dont parle Armand
Marrast dans son *Histoire des villes du Midi*, brisé, mâché, tombant,
durant toujours. » A la même place, a été construit un édifice, formé
de beaux matériaux, mais dont le style un peu lourd ne rappelle en
rien, par son architecture, les temps historiques de notre ville. Seul,
un vieil écusson du Nébouzan a été conservé ; mais on l'a malheureu-
sement rendu invisible en l'encastrant au-dessous du perron méridional
sur la porte intérieure des soubassements.

à l'égard des États, » la lecture est faite par le secrétaire. Puis « M. le commissaire du roy s'étant retiré de l'assemblée, après l'avoir exhortée de faire de son mieux pour le service du roy et lui faire la donation la plus forte qu'il se pourrait, il fut accompagné jusqu'au bas de l'escalier du palais, et l'assemblée étant remontée et repris la séance, il a été pris délibération sur la donation à faire pour la présente année mil sept cent quarante-trois. »

Il fut accordé deux mille cent livres, qui devaient être réparties sur toutes les communautés du pays, « à proportion de leurs feux et avec le sol pour livre, attribué au trésorier des États pour lui tenir lieu des gages de son office. » En outre, l'assemblée fixait à quatre mille cinq cents livres l'imposition « pour la subsistance et l'abonnement de la vicomté. » Tout cela sans que les États « entendent aucunement déroger aux priviléges et exemptions du païs de Nébousan et sans que la chose puisse tirer à conséquence dans aucun cas et sous quelque prétexte que ce soit, suivant les lettres patentes du roy concernant ladite imposition du 14 juillet 1663. »

Le deuxième jour il est donné lecture de l'arrêt du conseil d'État du 5 janvier 1734, portant règlement des dépenses des États, et, par extension, de certaines dépenses mentionnées au règlement du 4 octobre 1688. L'assemblée admet ensuite dans son sein, « comme ayant droit quant à ce, » messire Joseph de Lanaspède, seigneur de Sarramea, et M. Bernard Larrey, coseigneur de Sarrecave avec son frère, pour siéger alternativement avec lui à raison du partage de leur seigneurie, et ce dernier ayant envoyé son consentement « à la réception alternative. » Après ces formalités, la compagnie fait droit aux plaintes portées par plusieurs particuliers, touchant la répartition du dixième, tant noble que rural, du pays de Nébouzan, et nomme pour commissaires : « MM. le comte de Cardeillac et de Barsous pour, conjointement avec les cinq chefs de châtellenie, vérifier les plaintes et refaire la répartition avec équité et justice. » Puis on désigne les auditeurs des comptes de MM. les syndics de la noblesse et du tiers état, comme aussi du trésorier et receveur des deniers et impositions. On fixe à trois cents livres les appointements de l'inspecteur des manufactures. Le sieur Destrampes, syndic du tiers état, est autorisé à retirer des mains des héritiers de feu l'abbé de Nizors, en fournissant décharge, « les actes et autres pièces regardant le païs » qui étaient en la possession dudit abbé comme président des États. Il est décidé que les archives où seront déposés les actes ne pourront désormais s'ouvrir que par trois clés qui seront remises : l'une au syndic de la noblesse, l'autre au secrétaire des États et la troisième au syndic du tiers état, « en sorte que lesdits archifs ne pourront s'ouvrir que tous les trois n'y soient. »

Le 19 février, au début de la séance, une demande d'admission dans le corps de la noblesse est formée par messire Marc-François de Lassus, conseiller du roi, juge en chef de Rivière[1], subdélégué de M. l'intendant. L'exposant s'appuie sur ce qu'il est devenu acquéreur d'un fief dit de la Salle de Labarthe, situé dans le district « et que tenait le sieur de Navailles lors du catalogue. Il a été unanimement

1. Rivière et Verdun (souvent Rivière-Verdun) étaient deux anciens bailliages qui faisaient partie du comté de Toulouse et qui avaient été détachés de la province par Louis XI. Depuis cette époque, ces deux territoires, qui n'avaient point cessé au point de vue féodal et judiciaire d'appartenir à la sénéchaussée de Toulouse, formaient de capricieuses saillies de Guyenne en Languedoc.

délibéré par la compagnie, mettant en considération les services que ledit sieur de Lassus a rendus aux États, qu'elle le dispense des preuves qu'elle a coutume d'exiger en pareil cas, et veut bien que lui et les siens jouissent dudit droit, sans conséquence néanmoins pour pareil cas qui pourrait se présenter, ledit sieur de Lassus ayant prêté le serment requis entre les mains de M. le président. »

Il est ensuite statué sur un point assez curieux. M. l'abbé d'Erce, revenant de Baignères [Bagnères] l'année précédente, avait perdu un mulet sur le pont dit de Larsan, lequel, à ce qu'il paraît, était situé sur la limite du Bigorre et du Nébouzan. Les États décident que ledit mulet « ayant péri faute d'avoir fait les réparations nécessaires au susdit pont, il sera fait article de dépense dans le compte du syndic » à concurrence de l'indemnité qui sera payée audit abbé, « sans que cela puisse tirer à conséquence au préjudice du païs. » Il est précisé que la moitié de la somme « regardera les États de Bigorre. » Le procès-verbal ne dit pas si la demande s'était déjà produite en justice ni de quelle manière l'indemnité devait être évaluée.

On procède à diverses déterminations de sommes, savoir : pour les gages des offices municipaux réservés aux hôpitaux par l'édit de juillet 1729 ; pour le principal des droits d'usage et nouveaux acquêts ; pour l'abonnement des droits sur les huiles et savons, toujours avec les sols pour livre du principal. Diverses autres allocations sont faites pour la cinquième année des six de l'abonnement des droits des courtiers, jaugeurs, inspecteurs aux boucheries et boissons ; pour la portion qui doit être supportée par le Nébouzan de la dépense du quartier d'hiver de 1742 à 1743, « du logement des troupes[1], de l'entreténement, habillement et autres dépenses concernant la milice ; » et encore pour la part « de l'ustensile que Sa Majesté veut être fournie aux troupes qui sont actuellement employées hors du royaume et qui y resteront pendant l'hiver prochain. » Il est encore imposé le sol pour livre « des contributions ci-dessus pour taxations et frais de recouvrement, dont quatre deniers appartiendront aux collecteurs, quatre deniers au receveur et trésorier du païs, et quatre deniers au receveur général des finances en exercice, auquel le montant des impositions sera remis, quartier par quartier, par le receveur dudit païs, et le sol pour livre montant cinq cent quarante livres dix-huit sols dix deniers. »

Un arrêt du conseil d'État du 22 février 1717 portait règlement pour l'entretien de quatre étalons dans le Nébouzan « pour le service des haras du païs. » Les États accordent dix-neuf cents livres, « savoir : six cents livres pour le remplacement des étalons le cas y échéant, trois cents livres pour les appointements de l'inspecteur, et mille livres pour l'entretien et gages des gardes desdits étalons, à raison de cinquante livres pour chacun. »

Il est rappelé que, suivant l'arrêt du Conseil en date du 26 février 1737, les États ont la faculté d'augmenter de trois cents livres l'état des dépenses « en faveur du sieur Gérac, receveur du païs, à la charge de faire les avances des impositions pour le soulagement des habitants du Nébousan, lorsque le cas le requerra. »

L'assemblée s'occupe ensuite de l'état des chemins.

---

1. Déjà en 1668, les États avaient voté, pour la ville de Saint-Gaudens, une indemnité, à raison des garnisons dont elle se plaignait d'avoir été accablée.

La dépense exigée pour leur construction est considérable « et, la misère du païs » étant grande, il ne paraît pas possible de l'imposer pour plus de trois mille livres « qui ne seront employées qu'à mesure que le travail sera fait. » L'année précédente on avait déjà employé quatre mille livres à cette destination ; mais elles avaient été insuffisantes, et il avait fallu recourir à un virement verbalement autorisé par le seigneur intendant.

Pour le dernier exercice, les comptes généraux du pays présentaient un déficit de deux mille cinq cent trente-trois livres, quatre sols, quatre deniers, « dont sera fait fonds dans l'imposition générale. »

Le 20 février il s'agit d'aviser à ce qu'on appellerait de nos jours les *dépenses obligatoires*. Elles constituent « l'imposition qui doit être comprise dans la générale, suivant le règlement des États du 4 octobre 1688, dûment confirmé. »

De ce chef il doit être « imposé et acquitté : »

A M. le sénéchal, gouverneur du pays, 500 livres ; à l'avocat du roi, 15 livres ; aux pères Jacobins, 15 livres ; aux pères Trinitaires, *idem* ; au syndic général du tiers état, 60 livres ; pour les gages du bayle ou sergent de la ville, 8 livres ; pour les gages du concierge où se tient l'assemblée des États, 6 livres ; pour les gages du porteur des lettres de Saint-Gaudens à Toulouse, 24 livres ; pour les cinq chefs de châtellenie, à raison de 12 livres pour chacun, 60 livres ; pour subvenir aux affaires inopinées qui pourront arriver pendant le cours de l'année, 400 livres, dont sera rendu compte de la manière accoutumée.

Et, suivant le dernier règlement du 5 janvier 1734 :

A M. le président, 32 livres ; à M. le baron de Ramefort, 23 livres ; à M. le baron de Nizan, *idem ;* à M. le baron du Cuing, *idem ;* à MM. de la noblesse et dénommés plus haut, au nombre de dix, 160 livres; à MM. de Floran et de Castillon, commissaires aux comptes, 16 livres; aux cinq chefs de châtellenie, auditeurs des comptes, à raison de 4 livres chacun, 20 livres; au syndic de la noblesse 100 livres; au secrétaire des États compris dans l'autre règlement et pour tous les deux, 200 livres, à cause de l'augmentation des charges; au lecteur de philosophie et de théologie du couvent des Jacobins de Saint-Gaudens, pour les leçons publiques qu'ils font aux étudiants du pays, 150 livres; pour le soulagement des habitants dudit pays qui sont affligés par les incendies et mortalité des bestiaux, 300 livres; pour le greffier chargé de tenir le registre du prix des grains pendant le cours de l'année, 6 livres; pour le nommé Esprit, porteur de Saint-Gaudens, pour tenir des chevaux à la commodité du public pour aller et revenir de Toulouse, 60 livres; pour le porteur de Montrejeau qui doit prendre les lettres du bureau de Saint-Gaudens pour Toulouse et rapporter de là le paquet des lettres, 18 livres; pour la moitié du loyer du magasin des habits et armes des soldats de milice du bataillon de Saint-Gaudens, ledit magasin étant chez les Jacobins, 50 livres; pour l'entretien de l'autel du Saint-Sacrement de l'église de Saint-Gaudens, 24 livres; pour les dames de la Miséricorde en faveur des pauvres, *idem;* pour aumône extraordinaire en faveur de l'hôpital Saint-Jacques, 30 livres; pour les écoliers de philosophie ou théologie[1] qui soutiendront des thèses publiques ou pour les écoliers du collége, 50 livres.

En ce qui touche le droit d'assistance du clergé et de la noblesse aux États, le procès-verbal explique

---

1. Les États de 1668 avaient alloué 150 livres pour les appointements d'un régent de philosophie.

qu'il y a été pourvu de telle sorte qu'il n'y a plus à s'occuper que de celui du tiers état :

« Le chef de châtellenie de Saint-Gaudens étant compris ci-dessus, reste pour le consul de Miramont, 8 livres.

» Pour les consuls de la châtellenie de Saint-Plancard, au nombre de douze, à raison de 8 livres chacun, 96 livres, le chef de châtellenie étant compris devant ; pour les consuls de la châtellenie de Sauveterre, au nombre de cinq, 40 livres ; pour les consuls de celle de Cassaignebère, au nombre de dix, 80 livres. »

Nous avons reproduit intégralement cette énumération, parce qu'elle donne comme un tableau des institutions et fondations qui fonctionnaient dans le Nébouzan à cette époque, et nous remarquerons que la province tout entière contribuait à entretenir certains services qui n'intéressaient bien directement que le chef-lieu. On retiendra aussi que tous les offices des États recevaient une rémunération.

Le trésorier des États ayant fourni de ses deniers aux dépenses d'entretien « de la grande route et de la pépinière royale établie à Labarthe, et avancé les contributions des communautés en retard, » il lui est alloué une gratification de 200 livres ; et une indemnité de 40 livres au sieur Gazave, dudit lieu de Labarthe, qui a lui aussi « donné son attention à la pépinière suivant le désir de M. l'intendant. »

Le sieur Pailhé, syndic de la viguerie de Mauvezin, reçoit une indemnité de 30 livres « accordée sur les fonds de construction des chemins » pour avoir recueilli « les instructions nécessaires aux intérêts du païs concernant la construction de la grande route dans la viguerie et son voisinage et d'en informer MM. les syndics afin que sur ses avis on *peut* chercher

et pourvoir aux moyens nécessaires pour le soulagement du païs et régler ses intérêts par rapport aux
communautés qui n'en dépendent pas. »

Il est pourvu à quelques réclamations personnelles.
Messire Ferrier, premier consul de Saint-Gaudens,
obtient pour les habitants de la ville une indemnité à
raison « du logement des miliciens et de la garde
qu'il a fallu tenir aux prisons et à la maison de ville
pour s'assurer que les fugitifs capturés ne s'évadas-
sent; » 100 livres sont allouées dans cet objet.

L'établissement de la pépinière royale située à
Labarthe, dont on s'est déjà occupé, avait exigé un
travail de piquetage d'où il était résulté un empiéte-
ment sur le fonds voisin. Les États autorisent les
syndics à faire apprécier l'indemnité due au fermier
du moulin dudit lieu « qui menace la communauté de
l'appeler en justice pour régler son quanti-minoris sur
le prix du bail. » Le fonds voisin était une prairie dépendant du moulin et dont la contenance venait de se
trouver réduite d'autant : c'était pour le fermier une
diminution de jouissance. « Sur quoy il a esté délibéré
que M^{rs} les syndics fairont procéder à ladite estima-
tion, après quoy ils compenseront le montant de l'indemnité avec le montant des intérêts que les États ont
à prendre annuellement sur ladite communauté de
Labarthe, sauf à parfaire si lesdits intérêts ne montent
pas autant que l'indemnité, et à exiger le surplus des
intérêts s'ils excèdent; ce qui aura lieu le jour qu'on
commencera les travaux pour former la pépinière, et
sauf moyennant ce à M^{rs} les syndics à disposer au
profit dudit païs des fruits qui ont été recueillis depuis
ledit temps sur le fonds de ladite pépinière. »

Une sorte de révision du cadastre local est réclamée par le syndic de Cassaignebère [Cassagnebère].
Comme aujourd'hui le préfet, quand il s'agit des déli-

bérations des conseils municipaux, l'intendant avait déjà autorisé des délibérations prises par les États, « tant pour la confection des livres terriers des communautés du Nébousan où ils se trouvent défectueux que pour la reddition des comptes consulaires. » Une nouvelle délibération est prise dans le même objet.

Des réclamations formées par MM. Fabien et Villa qui voudraient siéger aux États comme acquéreurs de Gariscan et de Brocan, « lesquels fiefs ne sont pas compris dans le catalogue du païs, » sont renvoyées aux prochains États, « afin de pouvoir avoir une parfaite connaissance de leur droit d'entrée. »

Un placet présenté par « noble Jean de Laforgue, seigneur de Pomarède, » expose que par erreur sa terre de Pomarède ne figure pas dans le Nébouzan dont elle fait partie en vertu de titres très-authentiques, et qu'elle est comprise dans le pays d'élection pour les impositions. Après examen, il est déclaré qu'on verra s'il y a lieu d'accorder droit d'entrée audit seigneur, et l'assemblée autorise les syndics du pays à demander au ministre que la terre de Pomarède soit réunie au Nébouzan « et à donner toutes les suppliques nécessaires pour parvenir à ladite réunion, toutes fois aux frais et dépens dudit sieur de Laforgue. »

Enfin, il est procédé à la nomination des officiers des États. M. le baron de Nizan, syndic de la noblesse ; le sieur Destrampes, syndic du tiers état ; les sieurs Gérac et Martin, notaires, ce dernier comme secrétaire, le précédent comme receveur des deniers de l'extraordinaire, sont continués dans leurs charges et fonctions. Les comptes du syndic du tiers état sont arrêtés, et il en résulte un excédant de dépense s'élevant à 180 livres, 7 sols, 7 deniers, « laquelle sera comprise dans l'imposition générale. »

En exécution de l'arrêt du Conseil du 20 février

1742, l'imposition du Nébouzan, pour le dixième
noble et rural, est fixée à 4720 livres « suivant le rolle
de répartition arrêté par MM. les commissaires, nommés à cet effet par délibération, en laquelle dite
somme le sol pour livre est compris. La levée en sera
faite conformément au susdit rolle. »

Fait, clos et arrêté dans le palais commun de la
ville, le vingt-unième février mil sept cent quarante-
trois. Signé : comte d'Erce, dom Duos, *présidant*,
Ramefort, Larboust, Pombarat, Montmaurin, Barsous de Luscan, Saintegème, Poubouy de Sarracave,
Pourthé, député, Delhom, consul, Pailhé, Saint-Pol,
Fage, consul, Martin.

En reproduisant exactement ces signatures, nous
ferons remarquer que la plupart des membres de la
noblesse ont négligé de joindre aux leurs soit la particule, soit leur titre.

III

Nous n'avons eu sous la main qu'un autre procès-
verbal des États de Nébouzan ; c'est le dernier. Il date
des 27, 28 et 29 janvier 1788. La réunion des États
généraux était décidée pour le mois de mai suivant.
Depuis 1743 était intervenu l'édit sur les assemblées
provinciales, inaugurées dans le Berry et la Haute-
Guyenne en 1778 et 1779. L'esprit de discussion et
de contrôle avait pénétré partout ; il s'étendait de proche en proche et les pays d'État, qui n'avaient jamais
cessé de discuter leurs propres intérêts, n'étaient pas
encore les plus ardents à y faire prévaloir les idées
nouvelles. C'est dans une assemblée du Berry que
l'abbé de Seguiran, faisant un rapport, avait osé dire :
« que la répartition de l'impôt devait être un partage

paternel de la chose publique. » Les procès-verbaux révèlent le soin avec lequel les nobles, les prélats et abbés, les notables du tiers état s'appliquent à étudier de près les besoins du pays et à y subvenir. C'est l'élite sociale de la province, du district qui établit le budget, défend le contribuable contre le fisc, dresse le cadastre, égalise la taille[1], remplace la corvée, pourvoit à la voirie, multiplie les ateliers de charité, instruit les agriculteurs, propose, encourage et dirige toutes les réformes. « J'ai lu les vingt volumes de leurs procès-verbaux, dit M. Taine ; on ne peut voir de meilleurs citoyens, des administrateurs plus intègres, plus appliqués et qui se donnent gratuitement plus de peine sans autre objet que le bien public[2]. »

Donc, le 20 décembre 1788, quelques jours seulement s'étant écoulés depuis la seconde assemblée des notables, à la veille de la Révolution française, messire Gaston de Sirgan, vicomte d'Erce, sénéchal gouverneur de la vicomté, recevait du roi l'ordre de convoquer « et tenir les États généraux de Nébousan, pour entendre les plaintes et y remédier le plus favorablement qu'il se pourra. » Etant expliqué « aux chers et bien amés » que cette convocation était faite dans le désir d'entretenir l'ancienne coutume suivant laquelle ils étaient autorisés tous les ans à s'assembler pour délibérer sur leurs affaires et pour faire leurs plaintes sur les griefs qui peuvent survenir. »

Les trois ordres du pays se réunirent le 25 janvier 1789 en l'église collégiale où, suivant l'usage, fut célébrée la messe du Saint-Esprit, « après quoi, la messe

---

1. Jusque-là cet impôt n'atteignait pas les ordres privilégiés. Il avait remplacé l'impôt levé primitivement par feu, le *fouage*, qui disparut sous Charles VII.

2. Taine, *La Révolution*. — Voir aussi Léonce de Lavergne, *Assemblées provinciales,* et le *Résumé des cahiers,* par Prud'homme.

finie, tout le monde observant la marche accoutumée, s'est rendu dans le palais commun du païs où chacun a pris sa place. »

Voici, d'après les procès-verbaux authentiques, quelle fut, cette fois, la composition des États.

Le clergé y fut représenté par M. l'abbé de Moncaup, chanoine en la collégiale, président, en l'absence de MM. les abbés de Nizors, de l'Escaladieu et de Bonnefont.

La noblesse, par le comte de Sabran, maréchal des camps et armées du roi, premier baron; le marquis d'Espagne, brigadier des armées du roi, seigneur baron de la châtellenie de Cassagnabère, « persistant dans ses protestations à raison du premier rang; » messires de Binos, de Floran, doyen et syndic de la noblesse; de Sainte-Gême, seigneur de Gousens; marquis de Luscan, seigneur de Vidaussan; comte de Cardeilhac; de Gestas de Montmaurin; de Barége; de Lustas de Boussart de Franquevielle; Dispan de Floran, lieutenant de MM. les maréchaux de France; de Gariscan; de Penn, seigneur de Marsas, lieutenant au régiment de Cambrésis.

Les représentants du tiers état furent : MM. Estrémé, Pégot et Capdeville, consuls de Saint-Gaudens, et Castaing, premier consul de Miramont, pour la châtellenie de Saint-Gaudens.

Pour celle de Saint-Plancard : les sieurs Larrieu, consul du lieu; Brun, consul de Bélesta; Jean Dhers, consul de Sarrecave; Larrieu, consul de Nizan; Bertrand Lodes, consul de Lodes; Raymond Luscan, consul de Larroque; Bertrand Lacroix, consul de Sarremezan; Jean Seilhan, consul du Cuing et Cahouapé; Jean Latour, consul de Franquevielle; Thomas Picot, consul de Loudet; Baptiste Duvent, consul de Montmaurin; Jean Saint-Lary, consul de Lespugue; Pujos, bourgeois, député de Blajan.

Pour la châtellenie de Cassagnabère : les sieurs Castex, consul de Cassagnabère ; Amelat, consul de Peyrouzet ; Amiel Bertrand, consul d'Aulon ; Bordes, consul de Gariscan ; Dutrey Bertrand, consul de Saint-Élix ; Bernard Duclos, consul de Seiglan ; Pierre Ricaud, consul de Lagrange ; Cassaigne, consul de Pinas ; Dupuy, consul de Tuzaguet ; Ricaud Simon, consul d'Escala.

La châtellenie de Sauveterre envoya les sieurs : Duffour, consul dudit lieu ; Dominique Bouche, consul de Labarthe-de-Rivière ; Fadeuilhe, consul de Barbazan ; Dutrey, consul de Labroquère ; Pujolle, consul de Gourdan.

Quant à la viguerie de Mauvezin, composée de vingt-six villages, elle se trouva représentée uniquement par Me Guchan, avocat et notaire royal, syndic et député de ladite viguerie.

Me Simon-Rose-Audibert de Montalègre siégeait en qualité de syndic général du tiers état. Me Bernard-Félix-Etienne Mariande, avocat, remplissait les fonctions de secrétaire. Les États furent ainsi constitués « sans que les rangs pussent nuire ni préjudicier aux membres de l'assemblée tant de l'ordre de la noblesse que du tiers état. »

Après avoir réglé l'ordre de ses séances, « de neuf heures du matin pour travailler jusqu'à midi, et de trois heures de l'après-midi pour travailler jusqu'à six heures du soir, » la compagnie, avant de se séparer, délibéra, d'une voix unanime, « de faire au roy le don ordinaire de 250 livres et de s'imposer la somme de 450 livres, pour la subsistance et l'abonnement, selon l'usage. » Enfin, elle passe aux impositions « devant être comprises dans la générale, conformé-

ment aux règlements des États, des arrêts du Conseil
et délibérations autorisées et agréées par Sa Majesté. »
Puis vient le règlement des dépenses et allocations
pour les divers services qui sont à peu près les mêmes
qu'en 1743. On y remarque pourtant une innovation
qui montre la sollicitude des États pour l'instruction
publique. Elle a toujours pour foyer le couvent des
Dominicains, subventionné, en sus de l'allocation ordinaire, de 50 livres pour le soutien des thèses publiques ; mais il a été établi en outre, dans la ville,
un cours « sur l'art des accouchements, ayant pour
démonstrateurs les sieurs Gazave et Pointis » auquel
il est accordé 180 livres pour honoraires. Il est de
plus accordé 240 livres aux quatre clercs qui doivent
faire leurs cours à Saint-Gaudens « afin de les aider à
subsister, » à raison de 60 livres chacun.

L'assemblée porte son attention sur la construction
des routes. Elle est d'avis « que celles de Montrejeau
à Boulogne, de Tournay à Bagnères-de-Bigorre, de
Lannemezan à Galan, de Martres à Castelnau-de-Ma-
gnoac ne seront pas continuées » jusqu'à ce que celles
« de Saint-Gaudens à Lombez, de Lannemezan à Bagnères-de-Bigorre et de Saint-Gaudens en Espagne
seront totalement perfectionnées, en commençant par
celle de Saint-Gaudens à Lombez comme étant la plus
utile. »

On règle la dépense d'un pont de bois qui venait
d'être construit à Miramont où longtemps avait fonc-
tionné un simple bac. Du reste, nous trouvons dans
l'*Histoire de Languedoc*[1] la preuve qu'à la fin du
siècle précédent il n'était pas aisé de franchir la rivière dans les environs de Saint-Gaudens. Ainsi, lorsque Louvois visitait le Languedoc, en 1680, il passa

1. Edition Privat, t xiii, p 547.

par Saint-Gaudens où il trouva l'intendant de Montauban et l'évêque de Comminges. Deux fois il dut traverser la Garonne en bateau et faire démonter les carrosses. On ne dit pas sur quels points le passage s'effectua, mais comme le ministre se rendait à Bagnères, il est permis de supposer que l'un des endroits auxquels il est fait allusion dut être Valentine. Pour surcroît de difficulté, il paraît même que les bateaux étaient si étroits que, pour y placer les chaises démontées, il fallut les couvrir d'une plate-forme débordant de cinq à six pieds de chaque côté. « Ce mince détail indique à quel point les communications étaient imparfaites près de la petite capitale de Nébousan. »

Une subvention est votée par les États, selon l'usage, en faveur des victimes des sinistres et des cas fortuits ; une autre pour les fouleries de Lannemezan et de Saint-Gaudens. Les haras ne sont pas oubliés dans les répartitions budgétaires. Nous avons déjà vu qu'en 1743 ils n'étaient pas négligés. Cette fois, l'assemblée croit devoir appeler l'attention du roi « sur l'état misérable des haras de la province, et comme il ne peut être attribué qu'à l'influence des différents règlements qui se sont succédé, les États supplient qu'ils soient révoqués, attendu que la liberté la plus indéfinie serait le seul moyen de rétablir le nourrissage des chevaux à l'état florissant dans lequel il avait été avant l'existence des règlements et des impositions qui gênent inutilement les citoyens dans l'administration de leurs propriétés privées. » Aussi, d'ores et déjà, « sous le bon plaisir de Sa Majesté, » l'assemblée suspend-elle l'imposition annuelle de 1900 livres qui est devenue sans objet « puisqu'il n'y a plus qu'un seul étalon dans la province, » et « comme une infinité de ponts sont tombés, » elle demande à appliquer aux ponts et chaussées le résidu de ladite imposition

qui pourrait n'avoir pas été encore levée et employée. »
De formidables inondations avaient, en effet, sévi
sur la contrée, et l'abbé Bordages, ancien curé d'Estancarbon, en a consigné le souvenir dans un opuscule
assez intéressant publié vers cette époque[1].

Les syndics sont ensuite priés « d'agir fortement
auprès du ministre pour la répartition de l'imposition
des droits réservés de consommation sur toutes les
communautés du pays, pour soulager par ce moyen
celles qui, seules en petit nombre, supportent l'imposition de ce droit excessif. »

D'une manière générale, il est représenté qu'il
convient de ménager les charges ; le pays est pauvre ;
la récolte a été mauvaise pendant une série d'années[2].
Dans le Comminges, des communautés étaient allées
jusqu'à parler de l'abandon de leurs biens si on ne les
dégrevait. Comme l'attestent les procès-verbaux des
États de Languedoc, une terrible épizootie s'était étendue du pays toulousain sur le Nébouzan et une partie
du Comminges ; un grand nombre d'animaux de trait

1. C'est un petit volume de poésies, avec quelques notes historiques,
publié à Amsterdam en 1793 et intitulé *Mes Ennuis*. Pendant plusieurs
années, la Garonne et ses affluents débordèrent ; mais rien n'égala
l'inondation de 1772, dont les terribles effets n'ont été surpassés que
par celle de 1875. Ce fut un cataclysme qui embrassa aussi toute la
région sous-pyrénéenne

2. « Année ordinaire, dans nos contrées comme dans les environs de
Toulouse, » le blé ne rendait guère alors que 5 pour 1. Aujourd'hui il
donne 8 et plus. (Théron de Montaugé, *Agriculture et classes rura-
les*, III.) — La disette avait été si grande pendant le rigoureux hiver
de 1788 que le gouvernement dut consacrer plusieurs millions pour
fournir du blé à la France. Les princes, les grands seigneurs, les évêques, les chapitres, les communautés multiplièrent leurs aumônes Tel
couvent de Bernardins nourrissait 1,200 pauvres durant six semaines.
L'évêque de Troyes et son chapitre donnaient 18,000 livres pour les
ateliers de charité. L'archevêque de Paris, Ant. Leclerc de Juigné,
vendit sa vaisselle, engagea son patrimoine, s'endetta de 400,000 livres
pour secourir les malheureux.

avaient péri et beaucoup de cultivateurs s'étaient vu obligés de laisser leurs champs en friche.

On procède devant l'assemblée elle-même aux enchères du sel de Brouage et du bassin salant de Salies « après l'extinction de trois feus. » Après quoi les États abordent une très-importante question. Il s'agissait alors de réunir aux États de Nébouzan ceux de la Bigorre et des Quatre-Vallées. Ce projet figurait même dans l'article 7 de l'instruction du roi à son commissaire pour la tenue des États. Voici le texte fort intéressant de la délibération qui fut prise à cette occasion par les représentants du Nébouzan :

« L'assemblée délibère que c'est avec la plus vive douleur que les États de la province ont entendu, dans les instructions de M. le vicomte d'Erce, le projet de la réunion de ces États avec ceux de la Bigorre. Le Nébousan avait osé se flatter que l'énumération des malheurs attachés à cette réunion, qui avaient été mis sous les yeux de Sa Majesté dans un mémoire que la commission intermédiaire a adressé au ministre, avait détourné l'orage prêt à nous écraser. Mais il gronde encore sur nos têtes, et notre unique espoir est dans la justice et la bonté du monarque sensible, qui daignera sans doute se souvenir des preuves d'amour, de fidélité et de respect qu'il a reçues de tous les temps de sa fidèle province du Nébousan.

« Cette province, restreinte dans ses bornes, médiocre par la qualité de son sol, tranquille par les mœurs de ses habitants, accoutumée à un régime doux et uniforme, regarde avec effroi tout ce qui peut changer l'ancienne et douce simplicité de son existence. La Bigorre, au contraire, avec laquelle on veut la réunir, plus favorisée des dons de la nature, doit à la richesse de son sol, à la multiplicité de ses grandes routes, à ses eaux universelles et à son commerce, une richesse qui lui permet de supporter des charges plus considérables et l'a entraînée à prendre des engagements dont il serait injuste que le Nébousan vînt partager la surcharge, n'en partageant pas les profits.

« La ville de Saint-Gaudens, qui devient tous les jours plus intéressante par son commerce et ses relations, perdrait avec douleur le privilége d'être le siége des États de la petite province dont elle est la capitale, et la province entière, accoutumée à trouver dans la famille de M. le vicomte d'Erce cette douceur et cette bonté qui peint si bien le monarque dans la personne de ses représentants, verrait par cette perte augmenter ses inquiétudes et sa douleur.

« L'assemblée a arrêté, d'une manière unanime, qu'il serait présenté à Sa Majesté un mémoire sur les inconvénients d'une réunion qui, sans utilité pour les intérêts du roi, jetterait ses sujets du Nébousan dans une consternation que l'âme sensible de leur souverain daignera sans doute leur épargner. »

Une autre motion occupe les États. Ils délibèrent qu'en vue des États généraux qui vont être réunis, « considérant les frais qu'occasionnerait une nouvelle assemblée, il va être procédé, provisoirement et sous le bon plaisir de Sa Majesté, à l'élection de ses représentants aux États du royaume que le roi a eu la généreuse pensée de réunir. Eu égard à son peu d'étendue, cette province se borne à supplier Sa Majesté d'approuver le choix qu'elle a fait seulement d'un député du corps du clergé, d'un du corps de la noblesse et de deux du tiers état, en conformité de l'arrêté du Conseil de Sa Majesté du 27 décembre. » Et, à la pluralité des voix, sont nommés : l'abbé de Moncaup, M. Dispan, MM. Montalègre fils, avocat au parlement, et Pégot, bourgeois, consul de la communauté de Saint-Gaudens.

La désignation faite par les États du Nébouzan fut sans résultat. Nous verrons qu'ils n'eurent pas, malgré leur protestation, une représentation particulière aux États généraux. Ils furent convoqués à Muret avec les délégués du Comminges et du Couserans pour y élire collectivement les huit députés, deux pour le clergé, deux pour la noblesse, quatre pour le tiers état.

L'assemblée fixe l'honoraire de chaque député : 600 livres « pour son voyage et retour, et 12 livres par jour pendant tout le séjour. » Pour parer à cette dépense, il est voté une imposition additionnelle par livre, prise sur le vingtième rural et sur le vingtième noble[1] « en suivant cette proportion, que lorsque le vingtième rural subira une taxe de 20 sols par livre numéraire, le vingtième noble la subira de 30 sols, ce que la noblesse a bien voulu à cause des circonstances extraordinaires. »

Ensuite, « la répartition et imposition de la capitation[2] ayant été déférées aux commissaires déjà nommés les années précédentes pour les vingtièmes, ceux-ci remettent, après l'avoir arrêté, le bordereau général des impositions royales et provinciales du pays pour être signé par tous les membres de l'assemblée. »

Après avoir, comme d'ordinaire, réglé les indemnités ou honoraires des officiers des États, le président déclara close cette session qui marquait la transition entre l'ancien et le nouveau régime.

1. L'impôt du vingtième se prélevait sur le revenu net des immeubles. Il ne s'exécutait qu'à concurrence de moitié sur les ordres privilégiés.

2. C'était l'impôt *personnel*.

C'en était fait désormais de l'antique autonomie du Nébouzan. Quelques-uns de ses représentants devaient, il est vrai, dans l'assemblée collective de Muret, revendiquer ce qui leur paraissait la conséquence de priviléges plusieurs fois séculaires. Leurs réclamations restèrent sans écho. D'ailleurs, la Révolution française allait répondre en détruisant les divisions provinciales pour fonder à jamais la grande unité du pays.

APPENDICE

———◦◦◦———

I

Sur les Consuls de Saint-Gaudens

Nous avons dit précédemment que la communauté de Saint-Gaudens était autrefois administrée par des consuls. Ce fut Bernard, comte de Comminges, suzerain du Nébouzan, qui, par sa charte de 1203, en reconnaissance de la fidélité des habitants, constitua les consuls « *consules villæ prædictæ Santi-Gaudentii* » seigneurs directs de son territoire et les confirma dans le droit de rendre la justice, tant au civil qu'au criminel, dans toute l'étendue du district de la communauté, qu'il augmenta de douze ténements assez considérables, avec le droit de fief et toutes les prérogatives de la seigneurie.

Aussi, différents actes établissent-ils que lesdits consuls ont toujours perçu les droits de lods et ventes[1] dans le ressort de la juridiction et du territoire qui leur appartenait à titre de fief. Le premier est un acte de vente du 23 avril 1203 ; l'aliénation consentie par un particulier, du nom d'André Gaston, eut lieu à la charge de payer 10 sols de redevance annuelle et seigneuriale aux consuls dans le territoire desquels étaient situés les fonds de terre : « *Decem solidos tolosanos annuatim in festo omnium sanctorum... ratione obliarum bordæ et terræ prædictarum.* »

Le même acte contient défense de vendre, aliéner ou hypothéquer les fonds vendus au préjudice du droit de directe des consuls : « *Nec vendere, impignorare, nec aliter alienare alieni... nec dicti consules dictas eorum oblias amittere possint.* »

Un autre acte du mois d'octobre 1305 atteste que le même particu-

_____
1. C'était un droit de mutation très-productif pour les seigneurs.

lier, ayant vendu à cette époque d'autres immeubles situés dans le territoire de Saint-Gaudens, Arnaud de Casties, syndic de la ville, a, en cette qualité, assisté et figuré au contrat de vente ; qu'il a perçu les droits de lods et vente, et qu'il y a fait stipuler au profit de la même ville un denier de redevance annuelle et seigneuriale par chaque arpent de terre, *pro quolibet arpente terræ unum denarium tolosanum nomine obliarum dictæ universitati.*

Par transaction sur procès, passée le 30 mai 1500, entre les consuls de Saint-Gaudens et ceux de Valentine, ces derniers s'obligèrent à payer aux consuls de Saint-Gaudens *un fief de cinq livres et une corvée* pour certains fonds situés dans leur consulat.

Dans un contrat de vente du 4 novembre 1530, les consuls de Saint-Gaudens sont encore qualifiés seigneurs directs... *Cum ipsi consules sint domini directi fundi illius.* On parle, dans cet acte, de leur consistoire où on les représente assis dans leur tribunal et tenant l'audience publique : *coramque consulibus pro tunc ibidem præsentibus, pro tribunali sedentibus et eorum audientiam publicam tenentibus.*

Le dénombrement dressé par les habitants et remis au commissaire du roi, en 1542, consacra de nouveau le droit de juridiction des consuls « exerçant la haute, basse et moyenne justice en causes civiles et criminelles. » On trouve plusieurs titres confirmatifs de cette prérogative qui est rappelée comme suit dans un dénombrement du 31 mai 1724 : « *De tous les temps les consuls ont exercé, au nom des seigneurs vicomtes de Nébousan, la justice civile, criminelle et de police dans la juridiction et district de ladite ville en concurrence avec le juge ou son lieutenant.* » En l'article 20 de cet acte on lit encore : « *Item, disent que hors l'enclos des murailles et fossés de ladite ville est le terroir appartenant à ladite communauté* (que les vicomtes avaient cédé aux habitants par une transaction de 1335) *dans lequel les consuls exercent la justice haute, moyenne et basse, consistant en terres cultes et incultes, bois, prés, lequel confronte du levant avec les terroirs d'Estancarbon, Lendorte et Lieux ; du midi avec le fleuve de la Garonne qui passe entre ledit terroir de Saint-Gaudens et les terroirs de la ville de Valentine et de Miramont ; de soleil couchant avec les terroirs de Clignacq et de Villeneuve de Riciés ; de septentrion avec ceux de Saux et Pomarède, lesquels sont séparés et distingués par deux ruisseaux, l'un dit de Sau et l'autre de Lanedou.*

Au civil, suivant l'article 4 du même dénombrement, la compétence des consuls était limitée à *cent sols.* Mais en matière criminelle, dès qu'ils étaient saisis d'une affaire intéressant un lieu quelconque de la communauté, ils en connaissaient au même titre que le juge royal. Les appels de leurs sentences étaient déférés directement au parlement, ainsi que l'attestent plusieurs arrêts.

D'un règlement fait par les commissaires du conseil de Navarre, en l'an 1600, et d'un arrêt du Conseil du 12 mai 1777, il résulte que lesdits consuls de Saint-Gaudens avaient ordinairement, dans les cérémonies, le même rang de préséance que le juge royal, quoique la compétence de celui-ci embrassât l'entier ressort de la vicomté et qu'il fût chargé de recevoir leur serment d'investiture. Le juge ne prenait le pas sur eux que dans certains cas spécifiés dans le règlement prémentionné.

Des mémoires judiciaires, portant le visa de M. l'avocat-général de Vaucresson, désignent parfois le premier des consuls en charge sous le titre de *maire* et les autres sous la dénomination d'*échevins ;* mais ce sont là évidemment des qualifications génériques. Il n'y avait à Saint-Gaudens d'autre magistrature municipale que celle des consuls et des syndics de la communauté.

II

Sur l'organisation administrative et judiciaire de la France au dix-huitième siècle

Les quelques indications que renferme la première partie de notre travail sur l'organisation de la petite province du Nébouzan, dans le courant du dernier siècle, nous semblent avoir besoin d'être complétées par une rapide esquisse de la division administrative et judiciaire de la France lorsqu'éclata la Révolution de 1789

Avant 1789, les divisions intérieures de la France, loin d'avoir été tracées *à priori* et sans tenir compte des précédents, s'étaient formées historiquement et par la tradition. Elles comprenaient quarante gouvernements, dont huit étaient qualifiés de grands gouvernements par opposition aux trente-deux autres appelés petits gouvernements. C'est à ces derniers qu'on donnait surtout le nom de *provinces*, terme emprunté à l'administration romaine (qui se divisait en préfectures, diocèses et provinces).

Chaque province avait à sa tête un gouverneur militaire, et, suivant le régime de son administration intérieure, on y distinguait les *pays d'Etat* et les *pays d'élection*. C'était là une division politique en même temps que financière.

Nous nous sommes déjà expliqué sur ces dénominations qui provenaient de la manière dont y étaient votés l'impôt et les taxes, c'est-à-dire : la taille, les accessoires de la taille, la capitation, l'impôt des routes. D'une manière générale, les charges qui pesaient principalement sur le tiers état pouvaient se résumer en ces termes : les redevances payées aux seigneurs, la dîme au clergé, les impôts au roi et aux municipalités.

Dans les *pays d'État,* l'administration appartenait aux États provinciaux qui votaient l'impôt. On y jouissait d'une plus grande autonomie. Le gouvernement central, dans ces pays, n'avait pas le droit de frapper des tributs, et la province ne concourait aux dépenses générales que par une espèce de subvention payée au trésor public par la caisse des États. La somme annuelle était fixée par ceux-ci sur la demande du commissaire du roi et il était d'usage qu'on ne s'écartât pas, du moins dans les circonstances ordinaires, des demandes faites par la couronne. On en trouve la preuve dans les procès-verbaux eux-mêmes des États du Nébouzan.

Quant aux *pays d'élection,* au contraire, plus dépendants du pouvoir royal, du moins au point de vue fiscal, ils payaient les impôts directement levés par la couronne, et les contestations relatives à la taille étaient portées devant des magistrats qui, autrefois et depuis les États généraux de 1346, étaient élus, mais qui plus tard, et sous Charles V, devinrent des agents royaux institués en titre d'offices.

A partir d'Henri III, il y eut des *généralités* qui tirèrent leur nom des agents généraux préposés par le roi au service des finances, avec des trésoriers du domaine royal et des receveurs généraux pour la perception de l'impôt. A côté d'eux étaient les *intendants,* chargés d'abord de surveiller et contrôler l'administration financière. Richelieu en fit de véritables préfets dont la surveillance s'étendit à toutes les branches de l'administration. Il fut aussi créé, dans chaque subdivision de généralité, un mandataire de l'intendant, nommé *subdélégué.* Ces créations s'appliquaient exclusivement aux pays d'élection, quoique les pays d'État dépendissent à certains égards des généralités, comme ils dépendaient de la cour des aides pour le contentieux financier.

Les subdivisions des pays d'État portaient des noms différents suivant les lieux : sénéchaussées, vigueries, châtellenies, bailliages, siége présidial, prévôté royale, gouvernance, gouvernement, etc. Quelques-uns de ces termes s'appliquaient cependant aussi aux subdivisions des pays d'élection.

Dans l'organisation ecclésiastique, on distinguait encore des provinces ou généralités ecclésiastiques au nombre de seize, ayant à leur tête un archevêque. Ces provinces nommaient des députés dont la réunion à Paris formait l'*Assemblée générale du clergé de France.* Celle-ci votait les fonds appelés *don gratuit* pour contribuer aux dépenses publiques du royaume. Ces subsides étaient votés comme l'impôt dans les pays d'État, c'est-à-dire sur la demande du commissaire royal. L'assemblée accordait une contribution que la caisse du clergé français versait aux trésoriers du roi, sans que celui-ci eût le droit de lever directement un impôt sur ce corps privilégié.

Voici, en terminant, quel était, à la fin de l'ancien régime, l'ensemble des juridictions :

Les juridictions royales se divisaient en deux classes : les juridictions ordinaires et les juridictions d'exception.

Les premières comprenaient : les parlements, cours souveraines qui jugeaient en dernier ressort, au nom du roi, en vertu de son autorité et comme s'il y était présent. Il y en avait treize qui étaient : ceux de Paris, Toulouse, Rouen, Grenoble, Bordeaux, Dijon, Aix, Rennes, Pau, Metz, Besançon, Douai, Nancy. C'étaient des cours souveraines d'appel, mais qui s'attribuaient aussi une part de l'action politique dans l'Etat. Le coup d'Etat judiciaire du chancelier Maupeou avait, en 1771, remplacé les parlements par des commissions royales instituées à Paris et dans quelques grandes villes ; mais Louis XVI rétablit ces grands corps de justice à son avènement au trône, en 1774.

Outre les parlements, on avait institué deux conseils souverains, l'un en Alsace et siégeant à Colmar, en 1698 ; l'autre en Roussillon, à Perpignan, en 1660. Ces conseils, sans avoir le rang de parlement, en avaient les attributions, sauf quelques nuances locales, et la souveraineté.

Au dessous des parlements rayonnaient les présidiaux, qui étaient de grands tribunaux de première instance et aussi des tribunaux d'appel du second rang ; puis toutes les juridictions inférieures telles que les bailliages et sénéchaussées (en 1789, les plus importants se confondaient avec les présidiaux) ; les juges royaux ou juges mages dont la compétence du premier ressort était assez étendue ; puis les prévôtées, les vigueries et les sergenteries qui concernaient surtout la simple police.

Les juridictions d'exception étaient : le grand Conseil, le Conseil privé, le conseil d'Etat, la Prévôté de l'hôtel du roi, avec ses maîtres des requêtes ; la Chambre des comptes (Dans un récent travail lu à l'Académie des sciences morales et politiques, M. Vuitry a montré comment s'était formé un corps distinct de l'ancienne Cour du roi qui, depuis le treizième siècle, avait été chargé plus spécialement de vérifier les comptes. Ce corps particulier, appelé d'abord « chambre des deniers, » prit plus tard, pour le porter jusqu'à la Révolution, le nom de chambre des comptes) ; la Chambre du trésor ; la Cour des aides, cour souveraine pour les aides et gabelles ; la Cour des monnaies ; l'Amirauté ; les commissaires spéciaux des prises ; la grande Maîtrise des eaux et forêts ; les Élections, tribunal financier en matière de tailles dont il connaissait à l'exclusion de tous juges royaux et seigneuriaux, sauf l'appel qui était porté à la cour des aides ; les Greniers à sel ; la juridiction des traites et douanes, pour les ports de mer ; la Connétablie ou Maréchaussée, formant dans les derniers temps un tribunal spécial pour les causes des militaires et de la noblesse en matière d'engagements d'honneur ; la Prévôté des maréchaux, pour certaines causes criminelles [1] ; la juridiction du lieutenant général de police (dans toutes les grandes villes, il y avait une justice de police imposante, représentée par diverses juridictions ; à Paris, le siége de la police était au Châtelet) ; la juridiction des intendants ; la juridiction consulaire, spéciale au commerce.

Les justices féodales et seigneuriales n'existaient guère plus que de nom. Déjà au seizième siècle, et après l'ordonnance de Moulins (février 1566), la juridiction seigneuriale avait été à peu près annihilée et l'on a pu dire avec M. Bonnier, *Eléments d'organisation judiciaire et de procédure civile*, n° 14, que, dans les dernier temps de notre monarchie (Colbert en avait aussi supprimé un grand nombre), les justices des seigneurs n'existaient plus que sous le bon plaisir du roi, bien que les fourches patibulaires qui représentaient la haute justice féodale fussent encore debout et servissent aux exécutions pour crimes commis sur les terres des seigneurs. Celles qui subsistèrent ne connaissaient que des droits féodaux et bornaient leur intervention, en matière criminelle, aux premières informations relativement aux crimes et délits de droit commun.

Il faut encore mentionner les juridictions ecclésiastiques Elles se composaient de tribunaux jugeant les causes d'églises qui se rattachaient à la discipline religieuse, sous la direction suprême de la chambre souveraine du clergé ; de huit bureaux ecclésiastiques ; des officialités primatiales, archiépiscopales et diocésaines ; du tribunal de l'université ; des bailliages et vigueries des évêchés, des chapitres et des abbayes.

Enfin venaient les juridictions municipales des consuls, échevins, etc.

On voit, par cet abrégé de l'organisation gouvernementale et judiciaire du royaume de France, la complication de ses rouages. Quoique l'ancien régime eût fondé l'unité française, l'ordre administratif qu'il avait établi contenait un vice qui n'avait pas échappé à la sagacité du ministre Calonne. Celui-ci l'exposait en ces termes au roi Louis XVI : « Un royaume composé de pays d'Etat, de pays d'élection, de pays d'administrations provinciales, de pays d'administrations mixtes, disait-il dans son rapport ; un royaume dont les provinces sont étrangères les unes aux autres, où des barrières multipliées à l'intérieur séparent et divisent les sujets du même souverain, où certaines contrées sont affranchies totalement des charges dont les autres supportent tout le poids, où la classe la plus riche est la moins contribuante, où les priviléges rompent tout équilibre, où il n'est possible d'avoir ni règle constante ni vœu commun, est nécessairement un royaume très imparfait, très rempli d'abus, et tel qu'il est impossible de le bien gouverner. »

---

1. La connétablie, la cour d'appel des maréchaux de France et l'amirauté étaient établies près la Table de marbre du palais de justice de Paris.

Nul ne peut nier aujourd'hui que l'infortuné prince ne reconnût la nécessité de réformes fondamentales. Celui que l'américain Thomas Payne défendait courageusement devant la Convention, en le proclamant « le meilleur ami des Etats-Unis », encourageait les idées nouvelles malgré la résistance des ordres privilégiés. Mais la Révolution française, cette époque de « grandeurs épiques et d'exécrables excès, » devait seule changer les bases de notre droit public.

III

De la Sénéchaussée, de la Châtellenie et de la Viguerie

Quoique nous ayions déjà expliqué ces termes, il ne nous paraît pas indifférent de présenter ici un court historique des institutions qu'ils désignaient :

I

Si nous remontons à l'origine des sénéchaux, nous les voyons remplir l'office d'intendants dans la maison du roi ou chez les seigneurs. Les fonctions dont ils étaient chargés varièrent suivant les époques, mais elles acquirent insensiblement de l'importance jusqu'à comprendre, en dernier lieu, l'administration de la justice.

Lorsque la dignité de maire du palais s'éteignit, celle de grand sénéchal de France en prit la place. Le dernier de ces grands officiers royaux fut Thibaut, dit le Bon, comte de Blois et de Chartres sous Louis VII. et qui mourut en 1191. Mais l'institution resta en se modifiant. L'an 1320, sous Philippe le Bel, on voit les sénéchaux, soit seuls, soit assistés de comptables, percevoir les revenus du domaine royal, payer ou faire payer les dépenses locales d'administration ou d'entretien

Saint Louis plaça des sénéchaux dans les provinces qui avaient d'abord appartenu aux seigneurs. Ils y exercèrent un droit de contrôle sur toutes les parties de l'administration, comme les *missi dominici* des Carlovingiens, qui étaient chargés de surveiller les officiers publics. En outre, ils continuèrent à percevoir les revenus royaux.

C'étaient des officiers dits de robe courte ou d'épée[1] ; ils avaient le droit de commander le ban et l'arrière-ban dans la sénéchaussée.

---

1. Il est bien certain que les baillis et sénéchaux étaient surtout des administrateurs et des hommes d'épée ; ils durent se décharger sur des lieutenants de leurs fonctions judiciaires devenues plus importantes. Une ordonnance de 1498 consacra ce nouvel état de choses en exigeant que ces lieutenants pour la justice fussent docteurs ou licenciés *in*

Comme le roi, les seigneurs, avons-nous dit, avaient aussi leurs sénéchaux. C'est à ces officiers qu'étaient confiées les fonctions les plus importantes, notamment celle de veiller à la bonne administration de la justice dans les domaines, par les prévôts, vicomtes et viguiers.

De simples inspecteurs de la justice, les sénéchaux furent érigés en juges proprement dits, avec une résidence fixe et une juridiction déterminée.

Cette nouvelle organisation servit de modèle aux rois lorsqu'ils instituèrent les baillis dans les terres qui leur étaient propres ; et quand les provinces de droit écrit furent réunies à la couronne, on conserva le premier officier de justice en lui laissant son titre de sénéchal. Louis VI déclara les sénéchaux inamovibles ; aussi ces derniers cherchèrent-ils à rendre leurs charges héréditaires. Le pouvoir royal dut remédier à cette tendance, et c'est alors que, dans ce but, il plaça auprès du sénéchal, cumulant sur bien des points l'administration et la justice, des lieutenants de robe longue pour juger au nom du sénéchal d'épée comme représentant le souverain. Les sénéchaux choisirent d'abord eux-mêmes ces lieutenants, mais parmi des personnes déterminées ; à partir de 1491, on les leur imposa.

Un édit de 1788 supprima les bailliages et les sénéchaussées en laissant subsister les juges royaux ou juges mages et les présidiaux, dont la compétence en dernier ressort et comme juges d'appel fut étendue.

En 1789, il ne restait plus au sénéchal d'épée que le droit de séance à l'audience et l'honneur « que les sentences et contrats passés sous le scel de la sénéchaussée étaient intitulés en son nom. »

Mais, en dehors de la justice, le sénéchal de robe courte n'en demeura pas moins, jusqu'à la Révolution et au décret du 11 août 1789, le représentant du roi à la tête des provinces, même à côté des intendants dont les attributions étaient surtout financières et qui avaient la direction des grands travaux publics.

Nous avons vu que les Etats du Nébouzan étaient convoqués, au nom du roi, par le sénéchal. Il en était ainsi dans les autres provinces du même genre. Nous en trouvons la preuve dans la lettre de M. Ducup, conseiller du roi et juge mage en la sénéchaussée de Lauragais, à Castelnaudary, au juge mage de Toulouse. Ce document, recueilli dans le dernier volume de l'*Histoire de Languedoc*, trace la manière dont étaient tenus les Etats provinciaux en 1649. Nous retrouvons à peu près les mêmes formes à la veille de la Révolution.

« ... Monsieur le sénéchal présent, la convocation lui appartient.

» Il est vrai qu'avant de ce faire, il m'en donne advis et demeure

---

altero jurium en université fameuse, et en faisant siéger, au nombre de quatre au moins, les conseillers et praticiens des sièges et auditoires, dits hommes jugeants.

(Voir Bonnier, *Organisation judiciaire*, p. 28 et suivantes.)

d'accord avec moi du temps et du lieu lequel est d'ordinaire le siége
et la salle de l'audience d'icelui où l'on s'assemble.

» Du clergé on y appelle tous les prélats, abbés, prieurs, archiprê-
tres et jusqu'aux églises cathédrales qui sont du ressort.

» De la noblesse toute généralement.

» Et du tiers état les villes où il y a judicature royale, les villes maî-
tresses des diocèses qui en dépendent et autres principales du ressort
à l'arbitre de monsieur le sénéchal qui en demeure d'accord en quelque façon avec moi.

» Au jour destiné, les trois ordres s'assemblent dans la salle de l'audience du siége où, M. le sénéchal présidant et moi à son côté, il
expose sa commission, parle s'il veut, et moi encore après lui, selon
qu'il plaît à chacun, et le plus souvent ledit sieur sénéchal dit peu et
me laisse le reste à dire.

» Les gens du roi y assistent aussi, qui parlent après s'ils veulent, et
le font d'ordinaire, et ce sont les seules personnes qui y assistent et
point aucun autre officier.

» La proposition faite, M le sénéchal, les gens du roi et moi nous
retirons, et à même temps, le premier des prélats prend la chèze
[chaise] et fait procéder à la nomination des députés, laquelle se fait
en la forme suivante :

» Savoir, que le clergé nomme pour son ordre,

» La noblesse pour le sien,

» Et le tiers état pour le sien, séparément chacun et sans que l'un
ordre opine en la députation de l'autre.

» Et cela fait l'assemblée se sépare après avoir fait les procurations,
chacun ordre à son député.

» Voilà, Monsieur, par le menu, tout l'ordre que nous y gardons.. »

C'était ainsi que devaient se tenir les Etats de Lauragais en vue de
la réunion des Etats généraux du royaume dont on avait parlé pour le
mois de mars 1649.

II

On a vu que le Nébouzan se divisait en quatre châtellenies et une
viguerie.

A l'origine, le châtelain (castellanus) était un officier préposé à la
garde d'un château-fort par le roi ou les barons [1]. Il y avait donc les
châtelains royaux, ceux qui étaient institués dans les domaines du roi,
et les châtelains seigneuriaux, ceux qui étaient établis dans les terres
des seigneurs particuliers.

1. Au moyen âge, le baron (ber ou berth en allemand, fort, illustre) représentait le
seigneur féodal par excellence. Plus tard, dans la hiérarchie nobiliaire, baron vint après
vicomte.

Comme l'administration de la justice était alors un accessoire du gouvernement militaire, les châtelains avaient mission, non-seulement de garder les places fortes et de maintenir les sujets ou vassaux dans l'obéissance, mais encore de leur rendre la justice.

D'abord révocables à volonté, n'étant que de simples officiers, les *castrorum custodes*, à l'avénement des Capétiens, prirent en fiefs les châtellenies et devinrent ainsi, dans la plupart des provinces, seigneurs de dignité, mais de dignité inférieure et dont les prérogatives étaient réglées par les coutumes locales. Il n'en fut par ainsi partout, et dans certaines régions du nord et du centre les châtelains ne cessèrent pas de n'être que de simples préposés militaires et judiciaires. Même dans les domaines royaux on distingua deux sortes de châtelains : ceux qui tenaient en fiefs les châteaux et les domaines en dépendant, et les commandants d'armes chargés seulement de défendre les châteaux.

Devenus seigneurs de leurs châtellenies, les châtelains entrèrent dans la hiérarchie féodale où ils occupèrent le troisième rang. Ils eurent à leur tour des capitaines des gardes et de la milice, souvent désignés aussi sous le nom de châtelains, mais qui n'étaient, comme eux-mêmes à l'origine, que des officiers révocables.

Les guerres privées que les seigneurs se faisaient entr'eux, en multipliant les forteresses avaient accru le nombre des châtelains de seigneurie. Déjà Philippe le Bel les avait supprimés en 1310. Mais, à la faveur des troubles et des luttes anarchiques de cette époque, on comptait toujours de nouvelles érections de châtellenies en fiefs, au mépris de toutes les règles féodales. Les Etats de Blois protestèrent en 1577. Un arrêt du Conseil intervint le 10 mars 1578 pour défendre d'ériger à l'avenir de nouveaux fiefs de dignité. Il ne reçut aucune exécution et on ne parla plus de supprimer, mais de régler les érections. C'est dans ce but qu'une déclaration d'Henri II, en date du 17 août 1579, disposa que « pour constituer une châtellenie seigneuriale il faut que la terre ait d'ancienneté haute, basse et moyenne justice sur les sujets de cette seigneurie, avec foire, marché, péage, église, prévôté et prédominance sur tous ceux qui dépendent de la terre et qu'elle soit tenue à un seul hommage au roi. »

Dans tous les cas, bien que qualifiée de châtellenie, une terre n'en avait pas les prérogatives, si celles-ci n'avaient été reconnues par les coutumes du lieu ou si le souverain n'y avait dérogé au moment de l'investiture du titulaire.

On donnait, dans quelques provinces, le nom de châtelains aux juges des villes, soit parce qu'ils étaient capitaines des châteaux, « soit parce qu'ils rendaient la justice dans la cour basse de la demeure féodale ou du château-fort. » Leur compétence s'étendait, comme celle des prévôts, à toutes les actions tant civiles que criminelles, à l'exception des cas spécialement attribués à d'autres juges.

Déjà à la fin du dix-huitième siècle, la puissance seigneuriale étant

très-amoindrie[1] et les châteaux-forts étant en grande partie aban-
donnés — nous en avons bien des exemples dans nos contrées méri-
dionales, — les châtelains en titre avaient à peu près disparu. Mais on
conserva le titre de châtellenie aux anciennes circonscriptions d'une
seigneurie, d'un commandement militaire ou même d'une simple judicature.

III

Lorsque des districts, comme celui de Mauvezin, avaient été gou-
vernés au nom des vicomtes par des viguiers *(vicarii)*, des lieutenants
ou substituts *(vice gerentes)*, ils conservèrent jusqu'en 1789 la dénomination de vigueries.

Les attributions des viguiers seraient difficiles à préciser parce que,
dépourvues d'un caractère uniforme, elles varièrent suivant les localités. Quelquefois viguier était synonyme de prévôt, officier qui exerçait la basse justice.

[A consulter sur ces dernières matières : l'*Appendice des institutes
coutumières*, de Loysel ; — le *Nouveau Denizart* ; — le *Dictionnaire*
de Guyot ; — Dupénau, *Coutume d'Anjou* ; — *Encyclopédie méthodi-
que* ; — Laferrière, *Histoire du droit français* ; — Isambert, t. XIII ;
— Minier, *Histoire du droit français* ; — enfin, pour de précieuses
informations, l'*Histoire de Languedoc*, édition Privat.]

---

1. La féodalité vit décliner le pouvoir judiciaire dont elle était investie, en même
temps que son ascendant politique, par l'influence des causes qui, progressivement, ame-
nèrent dans l'ancienne France la prépondérance de la justice royale. L'extension des cas
royaux, la suppression du *droit de ressort*, l'obligation (ordonnance d'Orléans, 1560) pour
les seigneurs d'avoir des *officiers agréés préalablement avant que d'être reçus, pour « vaquer
à l'exercice de leurs justices »* aboutirent à faire prévaloir la maxime suivant laquelle
« toute justice émane du roi. »

DEUXIÈME PARTIE

CONVOCATION ET RÉUNION A MURET DES TROIS ÉTATS AU MOIS D'AVRIL 1789.

I

On était à ce moment où les destinées de la France allaient subir de profondes transformations.

Louis XVI avait cédé au mouvement des esprits qui tendait d'une manière irrésistible au renouvellement de l'ordre social, et après avoir convoqué par deux fois les notables[1] qui n'avaient sanctionné rien de décisif, ni d'efficace, il rendit l'ordonnance fameuse du 8 août 1788, fixant définitivement au 1er mai 1789

1. L'assemblée des notables, convoquée, une première fois, par Calonne, à Versailles, le 22 février 1787, était une assemblée ministérielle réunie pour éviter les Etats généraux. Elle était composée de grands pris dans la noblesse, le clergé et la magistrature, d'une foule de maîtres des requêtes et de quelques magistrats des provinces. Après des résistances, elle adhéra à l'impôt territorial, à l'impôt du timbre, à la suppression des corvées, aux assemblées provinciales. — « Si encore, dit M. Thiers (*Hist. de la Rév.*, t. I, p. 15), le ministre de Brienne eût poursuivi avec activité l'exécution des mesures consenties par les nota-

l'ouverture des Etats généraux. Ils ne s'étaient pas assemblés depuis 1614.

La réunion des Etats du royaume n'était pas réclamée seulement par le tiers état ; elle l'était par le parlement lui-même qui, dans une délibération, avait déclaré que « la nation, représentée par les États généraux, était seule en droit d'octroyer au roi les subsides dont le besoin serait évidemment démontré. »

En 1788, le clergé s'était uni au parlement, dans le même but. Dans son assemblée du 15 juin, il tenait ce langage : « Notre silence serait un crime dont la nation et la postérité ne sauraient nous absoudre..... Le peuple français n'est pas imposable à volonté. Les Francs sont un peuple libre.... » Il ajoutait, dans une autre circonstance : « Si l'uniformité est une bonne chose, le respect des lois existantes et celui des contrats anciennement faits est chose meilleure encore. » Par ces dernières paroles, le clergé de France protestait aussi contre l'édit de mai sur l'administration de la justice ; il ne reconnaissait plus à la royauté les droits absolus qu'exerçait Louis XIV et il déclarait qu'une nouvelle organisation ne pouvait être que l'œuvre des Etats généraux du royaume. Dans l'adresse au roi, il demandait l'abolition de la cour plénière [1] et

bles, s'il les eût, toutes à la fois et sans délai, présentées au parlement à l'instant où l'adhésion des premiers ordres était obligée, c'en était fait peut-être ; le parlement, pressé de toutes parts, aurait tout admis, et cette transaction, quoique partielle et forcée, eût probablement retardé pour longtemps la lutte qui allait s'engager » — La seconde assemblée des notables, dans laquelle toutes les questions relatives à la tenue des Etats généraux furent mises en discussion, s'ouvrit le 6 novembre 1788 et ferma sa session le 8 décembre suivant. »

1. Imaginée en haine du parlement. On lui transportait la faculté de juger en dernier ressort et d'enregistrer les lois et les édits. Elle se composait de pairs, de prélats, de magistrats et de chefs militaires.

le prompt retour des Etats. « Eux seuls pouvaient désormais remédier au désordre des finances, assurer la dette publique et terminer les conflits d'autorité. » D'un autre côté, ainsi que l'avait déclaré le roi dans un discours du mois d'avril 1787, les archevêques et évêques avaient annoncé, dans une assemblée du clergé de France, qu'ils ne prétendaient plus à aucune exemption pour leur contribution aux charges publiques.

C'est justice aussi de reconnaître, avec les plus graves autorités et les écrits du temps, que Louis XVI avait saisi avec empressement l'idée de cette convocation des trois ordres, « à la fois heureux, dit M. Mignet, de se décharger du fardeau des affaires et d'en remettre la responsabilité à la nation. » — « Le roi, dit à son tour M. Thiers[1], qui n'avait pas goûté un moment de repos depuis le commencement de son règne, entrevoyait les Etats généraux comme le terme de ses embarras. » A coup sûr, il était désireux de connaître, par la grande enquête qui allait s'ouvrir sur tous les points du territoire, quel était exactement l'état de l'opinion publique, quels étaient les vœux que formait le pays[2].

La seconde assemblée des notables avait décidé que les Etats se tiendraient suivant les formes de 1614, lesquelles annulaient le rôle du troisième ordre. Ce fut la cour qui donna satisfaction aux vœux exprimés de toute part et surtout dans les assemblées provinciales. Un arrêt du Conseil, du 27 décembre 1788,

1. *Révolution française*, t. i, p. 46.

2. Se dégageant des préjugés et des résistances de la cour, Louis XVI, plein de bonnes intentions, animé de sentiments équitables, ne s'était-il pas montré charmé des projets de réformes de Turgot et n'avait-il pas coutume de répéter : « Il n'y a que Turgot et moi qui aimions le peuple ! »

ordonna que le nombre des députés du tiers état serait égal à celui des deux premiers ordres réunis[1]. Le roi avait dit : « La cause est liée aux sentiments généreux et elle aura toujours pour elle l'opinion publique. » Le même jour, il introduisait dans les assemblées électorales du clergé une majorité de curés, « parce que ces bons et utiles pasteurs s'occupent de près et journellement de l'indigence et de l'assistance du peuple, et qu'ils connaissent plus intimement ses maux et ses besoins. »

Le 25 janvier 1789, le roi règle l'ordre et la forme des convocations. A dater du 25 février les lettres de convocation partent une à une. Huit jours après, chaque assemblée de paroisse commence de rédiger les cahiers de ses doléances « et s'échauffe par le détail et l'énumération des misères dont la relation est consignée par écrit[2]. »

II

L'édit de réunion fut suivi, le 19 février, d'une lettre royale convoquant dans la ville de Muret *tous ceux des trois Etats des comtés et pays de Comminges, Couseran et Nébousan, pour conférer et communiquer ensemble tant des remontrances, plaintes et doléances, que des moyens et avis qu'ils auraient à proposer à l'assemblée générale des Etats.* On trouve annexé à ce document un règlement qui mérite d'être ici reproduit tout entier :

« Le roi ayant fixé, par le règlement du 24 janvier

1. Ce furent les États du Dauphiné, assemblés à Vizille, qui émirent les premiers le vœu du doublement du tiers.

2. Taine.

dernier, le nombre des députations qui seraient envoyées aux Etats généraux pour le pays et comté de Comminges, et n'ayant porté ce nombre à deux que par la considération que le Couseran et le Nébousan doivent rentrer dans l'arrondissement du pays de Comminges *dont ils faisaient autrefois partie,* Sa Majesté a jugé qu'il était d'autant plus nécessaire de régler les formes à observer pour sa convocation aux Etats généraux prochains, que le pays ne renferme aucun siége qui ait tous les caractères auxquels est attaché le droit de convoquer les trois ordres, et que les Etats particuliers qui l'administraient autrefois se trouvent suspendus depuis plus d'un siècle, excepté dans le Nébousan où cette forme d'administration a été maintenue. Sa Majesté a considéré que le comté de Comminges ayant un intérêt commun à tous les districts particuliers qui vont former, comme autrefois, son arrondissement, il est convenable que tous ces districts concourent ensemble et dans la même forme à l'élection des députés aux Etats généraux. En conséquence, Sa Majesté a ordonné et ordonne ce qui suit :

» Article 1. Les lettres du roi pour la convocation du comté et pays de Comminges, Couseran et Nébousan, seront envoyées au gouverneur de la province qui les fera tenir au sieur marquis d'Espagne, ou, en son absence, au premier officier du siége de Muret, qui fera les fonctions de son lieutenant.

» Art. 2. Le sieur marquis d'Espagne, ou l'officier faisant fonctions de son lieutenant, convoquera dans la ville de Muret, suivant les formes prescrites par le règlement du 24 janvier dernier, tous ceux des trois Etats du comté et pays de Comminges, Couseran et Nébousan, sous quelque ressort que se trouvent les villes et communautés qui en dépendent.

» Art. 3. Sa Majesté a attribué et attribue, à cet effet, au sieur marquis d'Espagne tout pouvoir et commission pour remplir les fonctions attribuées dans le reste du royaume aux baillis et sénéchaux. Sa Majesté a commis et commet pareillement le premier officier du siége de Muret pour faire les fonctions de lieutenant; le procureur du roi dudit siége pour celles de greffier.

» Art. 4. Sa Majesté déclare formellement que lesdites attributions n'auront lieu que pour ladite convocation et actes qui en dépendent, n'entendant pour tout autre cas porter aucun changement dans l'ordre des juridictions et arrondissements des ressorts.

» Art. 5. Il sera procédé à l'assemblée des trois États du comté et pays de Comminges, Couseran et Nébousan, convoquée et présidée par le sieur marquis d'Espagne, à l'élection de huit députés pour les Etats généraux, savoir : deux pour le clergé, deux pour la noblesse et quatre pour le tiers état. »

Il est important de remarquer que, d'après ce règlement, le Nébouzan, qui n'avait jamais cessé de s'administrer par ses Etats particuliers, n'eut pas à élire des députés spéciaux aux Etats généraux ; ce qui fit l'objet d'une protestation solennelle dans l'assemblée de la sénéchaussée, ainsi que nous le verrons plus loin.

En exécution des prescriptions royales et en vertu du pouvoir dont il venait d'être investi, le marquis d'Espagne rendit, le 24 mars 1789, l'ordonnance suivante, qu'il nous a paru intéressant de transcrire tout au long dans le corps même de ce travail :

Par devant Messire Despagne, faisant les fonctions de Sénéchal de Commenge, assisté de Me Laviguerie, Juge Châtelain du Pays et Comté dudit Commenge, le Siége principal séant en la ville de Muret comme chef-lieu, et Lieutenant général pour ce qui concerne seulement la convocation des trois Ordres dudit Comté pour les députations aux Etats-Généraux ; assisté aussi de Me Delpech, Lieutenant de Juge audit Siége de Muret :

Nous Henri-Bernard Marquis Despagne, Baron de Ramefort et dépendances, Seigneur du chef-lieu de la Châtellenie de Cassagnabère, Peyrouset, Calas, Coseigneur directe en paréage avec le Roi de la Vallée de Biros, Chevalier de l'Ordre Royal et Militaire de Saint-Louis, Chevalier honoraire de celui de Malthe, Brigadier des Armées du Roi, Chevalier Sénéchal du Pays et Comté de Commenge en vertu des Lettres du Roi, données à Versailles, le 19 février 1789, pour la convocation des trois Ordres du Comté dudit Commenge, à l'effet de la députation aux Etats-Généraux ; faisant droit sur le réquisitoire du Procureur du Roi, ordonnons que les Lettres de Sa Majesté du 19 février dernier, signées LOUIS : *et plus bas*, par le Roi, Laurent de Villedeuil, pour la convocation et assemblée des Etats-Généraux du Royaume, ensemble le Règlement y annexé, seront présentement lues et publiées. l'audience tenant, et enregistrées au Greffe de ce Siége, pour être exécutées 'selon leur forme et teneur, publiées à son de trompe et cri public dans tous les carrefours et lieux accoutumés, imprimées, publiées et affichées, ainsi que notre présente Ordonnance, dans toutes les villes, bourgs, villages et communautés dudit Comté, Couzerans et Nébousan, pour y être exécutées suivant leur forme et teneur, à la diligence du Procureur du Roi.

En conséquence, ordonnons que l'Assemblée générale des trois Etats de ladite Comté se tiendra par nous, le seize avril, à huit heures précises du matin ; que tous ceux qui ont, ou qui auront droit de s'y trouver, seront tenus de s'y rendre, munis de leurs titres et pouvoirs, et qu'il sera procédé à la convocation desdits trois Etats, dans la forme et manière qui suit :

1° Qu'à la requête du Procureur du Roi au Siége dudit Comté, les sieurs Evêques de Couzerans, Commenge et Lombez, les Abbés séculiers ou réguliers, les Chapitres, Corps et Communautés ecclésiastiques rentés, réguliers ou séculiers, des deux sexes, les Prieurs, les Curés, les Commandeurs, et généralement tous les Bénéficiers ; que tous les Ducs, Pairs, Marquis, Comtes, Barons, Châtelains, et généralement tous les Nobles possédant fiefs dans l'étendue dudit Comté, seront incontinent assignés par un Huissier royal, au principal manoir de leurs bénéfices et fiefs, pour comparaître, savoir : les Chapitres, Corps et Communautés ecclésiastiques, par les Députés de l'Ordre du Clergé, dans la proportion déterminée par les articles X et XI du Règlement de Sa Majesté ; et tous les Bénéficiers, ainsi que tous les Nobles possesseurs de fiefs, en personne ou par Procureurs de leur Ordre, à ladite Assemblée générale, aux jour et heure ci-dessus indiqués.

2° Que tous les Curés qui sont éloignés de plus de deux lieues de la présente ville seront tenus de se faire représenter par Procureurs fondés de leur Ordre, à moins qu'ils n'aient un Vicaire ou Desservant résidant dans leur Cure, auxquels Vicaire ou Desservant nous défendons de s'absenter pendant le temps nécessaire auxdits Curés pour se rendre à ladite Assemblée, y assister et retourner à leurs paroisses.

3° Que tous autres Ecclésiastiques engagés dans les Ordres, et tous les Nobles non possédant fiefs, ayant la noblesse acquise et transmissible, âgés de vingt-cinq ans, nés Français ou naturalisés, et domiciliés dans ledit Comté, suffisamment avertis par les publications, affiches et cri public, seront également tenus de se rendre en personne, et non par Procureurs, à ladite Assemblée, aux mêmes jour et heure, sauf et excepté les Ecclésiastiques résidants ès villes dudit Comté, lesquels seront tenus de se réunir chez le Curé de la paroisse dans laquelle ils sont habitués ou domiciliés, au jour qu'il leur indiquera, pour y élire un ou plusieurs d'entr'eux, conformément à l'article XV du Règlement de Sa Majesté.

4° Qu'à la diligence dudit Procureur du Roi, les Maires, Echevins, Jurats, Consuls et autres Officiers municipaux des villes, bourgs, villages et communautés, situés dans l'étendue dudit Comté, seront incontinent sommés par un Huissier royal, en la personne de leurs Greffiers, Syndics, Fabriciens, Préposés ou autres Représentants, de faire lire et publier au prône de la Messe paroissiale, et aussi à la porte de l'Église après ladite Messe, au premier jour de Dimanche qui suivra ladite notification, la Lettre du Roi, le Règlement y joint, et notre présente Ordonnance, dont un imprimé sur papier libre, collationné et certifié par notre Greffier, sera joint à ladite notification. Il sera de plus remis par l'Huissier autant d'imprimés qu'il y aura de paroisses dans chaque ville, village ou communauté.

5° Qu'au jour le plus prochain, et au plus tard huit jours après lesdites publications, tous les habitants du Tiers État desdites villes, bourgs, paroisses et communautés de campagne, nés Français ou naturalisés, âgés de vingt-cinq ans, domiciliés et compris au rôle des impositions, seront tenus de s'assembler au lieu accoutumé, ou à celui qui aura été indiqué par les Officiers municipaux, sans le ministère d'aucun Huissier, à l'effet par eux de procéder d'abord à la rédaction du cahier des plaintes, doléances et remontrances que lesdites villes, bourgs et communautés entendent faire à Sa Majesté, et présenter les moyens de pourvoir et subvenir aux besoins de l'Etat, ainsi qu'à tout ce qui peut intéresser la prospérité du Royaume, et celle de tous et de chacun les Sujets de Sa Majesté ; ensuite de procéder à haute voix à la nomination des Députés, dans le nombre déterminé par l'art. XXXI dudit Règlement, lesquels seront choisis entre les plus notables habitants, qui seront chargés de porter ledit cahier à l'Assemblée générale, aux jour et heure ci-dessus indiqués, en ladite ville de Muret.

6° Que les certifications des publications ci-dessus ordonnées seront relatées dans le procès-verbal qui sera dressé de l'Assemblée qui aura

eu lieu pour la rédaction des cahiers et la nomination desdits Députés ;
que ledit procès-verbal, signé par l'Officier public qui aura tenu l'Assemblée, et par son Greffier, sera dressé en double minute, dont une sera
déposée dans le greffe de la communauté, et l'autre remise aux Députés en même temps que le cahier, pour constater le pouvoir desdits
Députés.

7° Que lesdits Députés, munis dudit procès-verbal et dudit cahier,
seront tenus de se rendre à notre Assemblée générale, aux jour et
heure ci-dessus indiqués ; que tous les Ecclésiastiques bénéficiers, ou
engagés dans les Ordres sacrés, tous les Nobles possédant fiefs, et tous
ceux ayant la noblesse acquise et transmissible, qui se seront rendus
ledit jour en la présente ville, seront tenus de comparaître à ladite
Assemblée générale qui sera tenue par nous.

8° Qu'à ladite Assemblée il sera donné acte aux comparants de leur
comparution, et défaut contre les non comparants ; qu'il sera procédé à
la vérification des pouvoirs des Députés et Procureurs fondés, et ensuite
à la réception, dans la forme accoutumée, du serment que feront tous les
Ecclésiastiques, tous les Nobles et tous les Membres du Tiers-Etat
présents, de procéder fidèlement, d'abord à la rédaction d'un seul
cahier, s'il est ainsi convenu par les trois Ordres, ou séparément à celui
de chacun desdits trois Ordres ; ensuite à l'élection, par la voie du
scrutin, de notables Personnages, au nombre et dans la proportion
déterminés par la lettre de Sa Majesté, pour représenter aux Etats-
Généraux les trois Etats du Comté.

9° Que les Ecclésiastiques et les Nobles se retireront ensuite dans le
lieu qui leur sera désigné par nous, pour y tenir leurs Assemblées
particulières, savoir : celle du Clergé sous la présidence de celui à qui
l'ordre hiérarchique la défère ; celle de la Noblesse, sous notre présidence, et, en notre absence, du plus âgé desdits Nobles, jusqu'à ce
qu'ils aient fait choix, dans ladite Assemblée, d'un Président ; que les
Députés du Tiers-État resteront dans la salle de l'Assemblée sous la
présidence de notre Lieutenant général.

10° Que dans l'Assemblée des deux premiers Ordres, il sera procédé
d'abord, à haute voix, à l'élection d'un Secrétaire, notre Greffier
devant en tenir lieu aux Députés du Tiers-État ; ensuite à la délibération à prendre par les trois Ordres séparément, pour décider s'ils procéderont conjointement ou séparément à la rédaction de leurs cahiers,
et à l'élection des Députés pour les États-Généraux.

11° Qu'expédition en forme desdites délibérations nous sera remise,
pour être ensuite par nous ordonné que la rédaction du cahier et la
nomination des Députés seront faites en commun, si chacun des trois
Ordres l'a ainsi délibéré ; qu'audit cas il sera nommé par lesdits trois
Ordres des Commissaires pour la rédaction du cahier, dans lequel
seront réunis et réduits les cahiers particuliers du Tiers-État dudit
Comté, et ensuite procédé à l'élection, par voie de scrutin, des Députés

desdits trois Ordres, au nombre et dans la proportion déterminés par la Lettre de Sa Majesté.

12° Que dans le cas où, par la délibération d'un des trois Ordres, il aurait été résolu que la rédaction de leurs cahiers et l'élection de leurs Députés seraient faites séparément, il sera nommé, dans chacune des trois chambres, des Commissaires pour procéder à ladite rédaction ; que chacun desdits cahiers, signés par tous les Commissaires, le Président et le Greffier, nous sera remis pour être par nous délivré aux Députés qui devront être élus ; qu'il sera ensuite procédé à l'élection des Députés de chacun desdits trois Ordres, au nombre et dans la proportion déterminés par la Lettre de Sa Majesté ; réduction préalablement faite, s'il y a lieu, du nombre des Electeurs de l'Ordre du Tiers à celui de deux cents, ainsi qu'il est porté à l'art. XXXIV du Règlement de Sa Majesté.

13° Qu'il nous sera remis copie en forme des trois procès-verbaux de l'élection desdits Députés ; que les trois Ordres seront tenus de se rendre à notre Assemblée générale, aux jour et heure que nous indiquerons, pour y assister à la prestation de serment, en la manière accoutumée, desdits députés ; qu'il sera dressé procès-verbal de tous lesdits actes, ensemble des instructions et pouvoirs généraux et suffisants, qui seront donnés auxdits Députés pour proposer, remontrer, aviser et consentir tout ce qui peut concerner les besoins de l'État, la réforme des abus, l'établissement d'un ordre fixe et durable dans toutes les parties de l'Administration, la prospérité générale du Royaume, et le bien de tous et de chacun les Sujets du Roi ; lequel procès-verbal restera déposé au Greffe de notre Siége, et trois copies duement collationnées d'icelui seront remises auxdits Députés avec le cahier des trois États de ce Comté, pour être par eux déposé au Secrétariat de leur Ordre aux Etats-Généraux.

A ces causes, à la réquisition du Procureur du Roi, mandons au premier Huissier royal requis, faire, pour l'exécution de ladite Ordonnance, tous exploits requis et nécessaires.

Donné à Muret, ledit jour 21 Mars mil sept cent quatre-vingt-neuf.

Collationné, SAURIMONT.

Remarquons que, tandis que les nobles et le clergé devaient, aux termes de l'ordonnance, se retirer dans les locaux qui leur seraient respectivement assignés pour y élire un président, les députés du tiers état devaient être présidés de droit par le lieutenant général. Dans l'assemblée des deux premiers ordres, le secrétaire était électif ; c'est le greffier du sénéchal qui

devait en tenir lieu à la réunion des gens du tiers
état. Quant au point de savoir s'il convenait que la
rédaction des cahiers fut faite en commun ou séparément, l'ordonnance s'en remettait à ce qui serait
délibéré à cet égard par chacun des trois ordres.
La déclaration royale, qui devait être lue aux Etats
généraux dans la séance du 22 juin, contient à peu
près la même disposition quant au mode à suivre
pour les délibérations.

Voici, d'après l'*Histoire de Languedoc*[1], comment se
formèrent et procédèrent les assemblées électorales
destinées à nommer les députés aux Etats généraux
du royaume et à rédiger les cahiers des doléances :

Sur la convocation transmise au sénéchal et par lui
adressée aux trois ordres, tous les ecclésiastiques
possesseurs de bénéfices eurent à comparaître en personne ou à se faire représenter individuellement par
procureurs. Ceux qui n'étaient pas bénéficiers et qui
habitaient les villes durent se réunir en assemblée
préparatoire et faire choix d'un électeur par vingt
ecclésiastiques présents. Les chanoines nommèrent
un électeur sur dix, et le clergé inférieur attaché aux
chapitres, un sur vingt. Tous les autres corps et communautés rentés envoyèrent chacun un seul procureur
fondé.

Les membres de la noblesse furent convoqués individuellement, qu'ils fussent ou non propriétaires de
fiefs, le roi voulant honorer leur distinction hérédi-
taire, et appelés à comparaître en personne ou à se
faire représenter par procureurs.

Quant aux membres du tiers état, leur nombre,
disproportionné avec celui des deux ordres privilégiés,
avait fait adopter un système d'élections graduées.

---

1. Vol. xiii, p. 1373. Édition Privat.

Dans les villes principales, il y eut d'abord des assemblées de corporations. Chaque corporation de métiers nomma un délégué sur cent membres présents, et chaque corporation d'arts libéraux deux sur cent. On admit la même proportion pour les habitants des villes, appartenant au tiers état, qui ne faisaient partie d'aucune corporation. Les délégués choisis par ces divers groupes constituèrent l'assemblée du tiers état de la ville, qui eut à se réunir dans l'édifice municipal, à dresser le cahier des plaintes et doléances locales, et à nommer des députés électeurs pour l'assemblée générale de sénéchaussée.

Ils s'y rencontrèrent avec les députés des paroisses et communautés des campagnes, élus dans la proportion de deux députés par deux cents feux, et porteurs aussi de leurs cahiers particuliers.

III

Nous n'avons pu retrouver les exploits originaux des convocations faites en exécution de l'ordonnance du marquis d'Espagne; mais nous savons que les huissiers royaux appelés à instrumenter dans cette circonstance furent les sieurs Champié, Bayonne et Mourère, de Muret; Pégot et Chanfreau, de Saint-Martory; Noguès, de Saint-Gaudens; Despagne, huissier royal du Nébouzan. L'huissier Mourère, pour remplir sa commission, arriva aux environs de Bagnères-de-Bigorre. On conçoit toute l'activité que durent déployer ces officiers pour s'acquitter de leur mandat, à une époque où, dans nos contrées surtout, les chemins étaient difficiles et les moyens de locomotion aussi peu abondants que peu commodes. Il s'écoula, en effet, moins d'un mois, entre le 21 mars, date de l'ordonnance fixant le jour de la réunion, et le 16 avril qui devait être celui de la première assemblée.

Nous avons vu que Muret avait été désigné pour cette réunion *comme étant le siége principal de la sénéchaussée de Comminges et chef-lieu.* Ceci nous conduit à bien préciser un point d'histoire locale qui portera, nous l'espérons, le dernier coup au préjugé suivant lequel Saint-Bertrand aurait été la capitale du comté de Comminges. Nous avons eu plusieurs fois l'occasion de redresser cette erreur dans la conversation, et elle s'est propagée dans quelques livres, notamment dans l'*Armorial de Languedoc* et dans le *Dictionnaire historique* de Bouillet. M. Victor Fons [1] la réfutait victorieusement, dans un opuscule publié en 1857, et dont nous reproduirons ce passage : « Une ville n'est autorisée à se dire la capitale, le chef-lieu d'un pays, d'un État, d'une province que parce qu'elle est le siége du gouvernement de ce pays, la résidence habituelle de ses souverains, le lieu où se traitent ses affaires publiques. La ville de Saint-Bertrand, je dis de Saint-Bertrand et non de Lugdunum Convenarum, ne peut revendiquer pour elle, à aucune époque de son existence, une seule de ces prérogatives. Elle n'a jamais été, en effet, le siége de l'administration de la province ; jamais il n'a existé à cet égard aucun rapport de subordination de la part des autres villes du comté envers Saint-Bertrand ; toutes étaient indépendantes les unes des autres. A aucune époque les comtes de Comminges n'ont possédé à Saint-Bertrand ni château, ni palais. L'évêque et les membres de

1. M. V. Fons, membre de plusieurs sociétés savantes, ancien juge à Muret, juge honoraire à Toulouse, un des magistrats qui ont le plus honoré ces deux siéges par la variété et l'utilité de leurs travaux.

Il nous pardonnera d'avoir mis à profit, plus d'une fois dans ce travail, ses propres recherches.

son chapitre y avaient seuls établi leur demeure; et
encore, depuis longtemps avant la révolution de 1789,
les évêques de Comminges résidaient, tantôt à Saint-
Gaudens[1], et tantôt dans une magnifique habitation
qu'ils possédaient dans la bourgade d'Alan. »

Ces considérations sont étayées des preuves les plus
décisives. Dès la fin du douzième siècle, le château[2]
construit par Pierre, fils de Raymond I de Murel (de
Murello), avec l'autorisation de son suzerain Bernard
Atton, vicomte de Carcassonne, au confluent de la
Louge et de la Garonne, avait vu se grouper autour de
ses puissantes murailles une agglomération qui formait déjà un bourg assez considérable. Dans une
charte du mois de janvier 1165, on lit que Bernard,
comte de Comminges, donne à Atton, *proposito S. Ger-
merii, unum locarem* qui *est in Castrum novum de
Murel, et hoc francament sine ullo servitio.* Disons,
en passant, qu'il s'agissait là, probablement, de la
donation du sol sur lequel fut bâtie la maison du
prieur de Saint-Germier de Muret, à l'endroit même
où s'élèvent aujourd'hui les bâtiments du tribunal et
de la sous-préfecture, ce qu'on appelait encore, il n'y
a pas cinquante ans, *lou Prioural.* C'est du château
de Muret qu'est daté l'acte du 2 juin 1203, par lequel
Bernard, comte de Comminges, ordonne l'établissement sur la Garonne de ce pont dont les vestiges

---

1. Ils y avaient un chapitre collégial et un séminaire.

2. Ce château était une forteresse formidable. On voit encore quelques restes des fondations de ses murs extérieurs au bord de l'eau. Il
était flanqué de trois tours. Celle dite de Louge (le donjon) était *d'une
effroyable haulteur et grosseur.* Un arrêt du Conseil du roy ordonne
la démolition de ce château, le 23 mai 1623, à la suite d'un différend
entre la ville de Toulouse et celle de Muret. L'exécution du travail
dura quarante jours.

Voir Archives du Capitole, 1624, folio 315, et Archives de la Cour
(arrêts du Parlement de 1551 à 1611).

sont encore visibles sur les deux rives, en face de l'ancienne place du marché, *lo mercadar*[1]. « Là furent arrêtées, dit encore M. Victor Fons, qui a scrupuleusement vérifié toutes les sources, en 1224, les conditions du mariage de Bernard, fils du comte de Comminges, avec Cécile de Foix. Pierre Raymond II y fit son testament, le 19 octobre 1375. C'est là que, trois ans plus tard, Marguerite, sa fille et son héritière, épousa en premières noces, dans l'église des Cordeliers attenant au château, Jean III d'Armagnac. Le comte d'Astarac alla y trouver, de l'ordre de Charles VII, le 21 février 1443, Mathieu de Foix pour le sommer de comparaître à Toulouse, où le roi avait convoqué les Etats de Comminges à l'effet de traiter des démêlés de ce comte avec la comtesse Marguerite, sa femme. Ce fut encore au château de Muret que mourut, le 6 janvier 1526, la comtesse de Comminges, l'épouse de messire Odet de Foix, seigneur de Lautrec, alors comte de ce pays, et c'est là qu'eurent lieu, le lendemain, en grande pompe, ses funérailles[2]. »

Il faut ajouter à la nomenclature des actes importants rédigés à Muret, au nom des comtes de Comminges, un inventaire et dénombrement des possessions comtales, en 1335. En outre, lorsque nous publiions naguère quelques fragments de chartes inédites, nous constations que celle de 1412, octroyée par le comte de Comminges aux habitants des lieux de

1. Si la maçonnerie des culées a défié les siècles et les ravages des inondations, la charpente était de bois et elle fut brûlée. On raconte que c'est par ce pont qu'en 1213, lors de la célèbre bataille de Muret, Simon de Montfort entra dans la ville, sans trouver, comme dit la chronique romane, *daguna contradiction d'home viven.*

2. Les comtes de Comminges ne résidaient pas toujours à Muret. Ils avaient aussi à Toulouse une demeure, voisine de l'ancien château Narbonnais et dont naguère encore on voyait les vestiges « l'hostal del comté de Comenge » *(Chronique des Albigeois.)*

Saint-Martory et Mancioux, fut datée du château de Muret.

Quant à la ville de Saint-Bertrand[1], on ne la trouve dans aucun document officiel qualifiée de capitale ou de chef-lieu de Comminges. Nous avons personnellement vérifié, aux archives du parlement de Toulouse, deux arrêts, l'un du 19 décembre 1503, l'autre du 5 mai 1586, où il est simplement parlé de la « ville de Saint-Bertrand, » sans autre qualification. Ils intervenaient cependant dans de graves conjonctures. Le premier portait opposition à une commission donnée par le roi, et ordonnait un sursis à l'attaque de la ville par les commissaires chargés de la remettre sous l'obéissance royale. Le second prescrivait les mesures à prendre par les habitants du pays de Comminges et de Rivière-Verdun pour repousser les protestants qui s'étaient emparés de Saint-Bertrand, « à l'effet de garder qu'inconvénient n'advienne aux nombreux subjets du comte de Comenge, dont pourrait venir grand scandale. » — Comment d'ailleurs, si les comtes eussent eu Saint-Bertrand pour chef-lieu de leur gouvernement, aurait-il appartenu aux évêques, qui y résidaient, de confirmer seuls les libertés municipales du lieu, ainsi qu'il résulte de la charte de 1208 ? Comment aussi trouverait-on, dans un arrêt du parlement du 28 janvier 1556, la preuve que ces mêmes évêques recevaient l'hommage et le serment des consuls de la communauté ? Saint-Bertrand n'était pas même le lieu de la sépulture des comtes dont les cendres allaient

---

1. Le siége épiscopal de Saint-Bertrand fournit, en 1317, le premier archevêque de Toulouse en la personne du cardinal de Comminges. Une particularité qu'il faut noter : Saint-Bertrand, siége de l'évêché de Comminges, envoyait des députés diocésains du tiers état aux Etats de Languedoc. — *Histoire de Languedoc* et *Almanach historique de cette province.*

reposer dans l'antique abbaye des Cisterciens de Bonnefont, dont nous avons parlé ailleurs [1] et qu'on a fort heureusement nommée « le Saint-Denis des comtes de Comminges. »

Pour compléter les preuves à l'appui de notre thèse, il convient de rappeler, surabondamment, l'édit royal du mois d'août 1594, qui autorisait la ville de Muret à s'imposer pour payer les gages d'un régent. La requête, présentée par les habitants à la cour des Aides de Montpellier pour l'enregistrement de cet acte, qualifie leur ville de « capitale du pays de Comminges. » Il en est de même dans les mentions portées au registre intitulé : *État général dès parts et portions du domayne du roy* et qui est aussi déposé aux archives du parlement. C'est à Muret que fut établie, en 1603, l'élection de Comminges, laquelle, en 1789, ressortissait, non plus à la cour des Aides de Montpellier, mais à celle de Montauban, et dont la juridiction embrassait le Comminges, le Nébouzan et le Couserans.

Le procès-verbal des réjouissances faites à Muret pour la convalescence du roi, au mois d'octobre 1744, donne aussi à la ville le titre de capitale de Comminges. Enfin, la preuve qui confirme et résume toutes les autres, déjà trop accumulées, s'évince de l'ordonnance plus haut transcrite et qui convoque à Muret, chef-lieu de Comminges, les représentants des trois pays, pour élire les députés aux États généraux.

Quoiqu'elle soit venue ralentir encore notre récit, nous ne regrettons pas cette digression, si elle doit avoir pour résultat de détruire d'une manière définitive une erreur historique qui subsiste encore dans trop d'esprits.

1. Voir notre opuscule sur *Saint-Martory et Lestelle* (1877).

IV

Les exploits de convocation dûment signifiés, les
délégués des trois ordres du Comminges, du Nébouzan
et du Couserans se disposent à partir. Grande agita-
tion dans l'évêché, le couvent, l'abbaye et la paroisse,
le castel et le manoir, dans les demeures bourgeoises,
où tout est en préparé pour le départ du noble, du
prélat, de l'ecclésiastique et de l'homme du tiers état.
Bientôt, dans toute la région et plusieurs jours durant,
les routes et les chemins présentèrent une animation
inaccoutumée et dont se fût étonné le voyageur anglais
Arthur Young[1] qui, en 1788 et 1789, constatait, en
termes pittoresques, la désertion des routes dans le
Midi. Le 25 avril, les abords de Muret furent encom-
brés de carrosses et de véhicules de diverse sorte, de
cavaliers et de piétons.

On nous pardonnera de nous interrompre de nouveau
pour dire ici quelques mots de l'état des voies de communication et des moyens de transport en France,
vers 1789.

L'édit de Louis XVI qui supprima les corvées,
en 1776, sur l'initiative de Turgot, décida que la confection des grandes routes et leur entretien s'exécute-
raient aux frais de l'État, de telle sorte qu'en peu
d'années les divers réseaux, les grandes voies s'étaient
notablement améliorés. Quant aux voies secondaires,
qu'on a nommées depuis *chemins vicinaux*, elles
étaient généralement, au moment de la Révolution,

---

1. « ...... En 250 milles, je n'ai rencontré en tout que deux cabrio-
lets et deux misérables choses semblables à une vieille chaise de poste
anglaise à un cheval. Pas un gentilhomme. » *(Voyage en France.)*

dans un tel état de délabrement que la plupart semblaient absolument inaccessibles aux voitures.

Le service des voitures publiques, surtout dans nos contrées, laissait beaucoup à désirer. Une société de capitalistes avait, il est vrai, obtenu du roi la concession des messageries, à la charge de payer des droits considérables ; mais l'organisation en était défectueuse et elle ne s'était pas étendue sur toutes les grandes lignes. Dans la plupart des provinces éloignées du centre, on ne connaissait guère que les voiturins ou d'humbles services à volonté qui cahotaient rudement les gens. Les nouvelles diligences s'appelèrent *turgotines,* « voitures monstrueuses, dit un écrivain du temps, attelées de chevaux maigres qui paraissaient près de rendre le dernier souffle sous le fouet du postillon. » Il y avait aussi le coche, lourd véhicule pouvant contenir huit ou dix personnes assises au pourtour, sur les deux siéges du fond ainsi que sur ceux placés près des portières. Certaines voitures, pour le transport des voyageurs, étaient faites d'osier ou de branches tressées : on les appelait *paniers* et vulgairement *panières.* Longtemps, assure-t-on, un service de ce genre fonctionna de Saint-Gaudens à Toulouse. Généralement la caisse de ces voitures était très-pesante et très-élevée au-dessus des brancards, toujours branlante à cause de la mauvaise fabrication des ressorts. On ne pénétrait pas sans peine, par une étroite portière, dans l'intérieur du coffre, au moyen d'un marche-pied en forme d'échelle. Quand il n'y avait pas de temps d'arrêt, ces véhicules ne fournissaient pas plus de deux lieues à l'heure[1].

1. A ce tableau, qui est pourtant fourni par des contemporains, nous devons opposer ce qui était écrit précisément dans un mémoire administratif de 1788 : « Les voitures publiques arrivent de Saint-Gaudens

Le service des postes se faisait au moyen d'une
véritable charrette à deux roues, portant sur les brancards et couverte d'une toile goudronnée soutenue
par des cerceaux. On y entassait des malles de bois
et de cuir contenant les lettres et les paquets, sous la
surveillance du courrier qui distribuait ces malles sur
son passage. « On ne comptait en France que vingt-
sept courriers attitrés, lesquels devaient, chacun recevant mille livres par an, fournir les voitures, dites
malles-charrettes, dont l'administration payait seulement les frais de poste. » Il était permis aux courriers,
comme compensation, d'avoir un ou deux voyageurs
avec eux et de transporter quelques petits colis à leur
usage. Cet état de choses, tout à fait primitif et insuf-
fisant, ne fut modifié qu'en 1790, lorsqu'on enleva
l'administration des postes aux fermiers généraux.

Pour beaucoup de nos délégués, pour ceux-là surtout qui se rendaient du fond du Nébouzan et du
Saint-Gironnais, il y avait d'autres infortunes à subir.
Les routes étaient loin d'être aussi sûres qu'aujour-
d'hui; et, s'il faut en croire Mercier, qui écrivait vers
cette époque, il existait plus de dix mille mendiants
ou vagabonds qui infestaient les grandes routes, malgré la vigilance de la maréchaussée, et les détrous-
seurs de grands chemins multipliaient leurs attaques.
On sait quelles énergiques mesures on devait prendre,
sous le Consulat, pour remédier à un tel mal. Puis,
les auberges, dans les endroits isolés, étaient parfois
aussi redoutées que les attaques des voleurs. Elles ne
justifiaient pas toujours leur mauvaise réputation;
mais d'ordinaire elles n'offraient que peu de ressour-

à Toulouse, et réciproquement, trois fois la semaine, par une route
agréable et commode. »

Voir Archives de la Haute-Garonne, c. 62 [papiers de la subdéléga-
tion de Toulouse].

ces au voyageur qui s'y arrêtait par force majeure,
« et qui n'y trouvait pas toujours à souper. » La
plupart étaient mal closes, malpropres, inhabitables
et ne présentaient que trois réduits, souvent infects :
l'écurie, la cuisine et la chambrée. Cette chambrée,
surtout sur les routes de second ordre, était une sorte
de dortoir contenant un certain nombre de lits et de
grabats, où couchaient pêle-mêle l'aubergiste et ses
valets, ainsi que les voyageurs « que leur mauvaise
étoile avait amenés dans cette espèce de coupe-gorge. »
De là, dit un auteur contemporain, « d'effrayantes
histoires, accompagnement obligé des voyages pendant lesquels il fallait coucher à l'auberge[1]. »

V

Les délégués arrivèrent sans trop d'encombre au
chef-lieu désigné. On juge de l'émotion et de l'activité
qui devaient régner depuis quelques jours à Muret[2].
Des hôtes nombreux se rendaient de toutes les direc-
tions, dans des appareils divers, suivant le rang et
l'importance des personnages. Sur les 234 nobles ou
possesseurs de fiefs qui avaient été convoqués, 105 se
présentèrent personnellement ; les autres donnèrent

1. *Passim :* Arthur Young, Taine, le bibliophile Jacob, etc.

2. Au moment où nous corrigions les épreuves, s'éteignait à Muret,
à l'âge de 94 ans, un des rares demeurants de cette époque, M. Bonnet,
ancien maire, capitaine du premier Empire, décoré à Moscou de la
main de Napoléon Ier, et l'un des plus anciens légionnaires de cette
période presque légendaire.
Nous avions, dans nos entretiens avec lui, recueilli d'intéressants
détails sur le vieux Muret. Sa verte vieillesse lui permettait d'évoquer
les plus lointains souvenirs et il avait entendu parler, dans son enfance,
de la réunion des trois états.

des procurations. Sur 298 membres du clergé, 120 seulement se rendirent. Le nombre des députés ou délégués du tiers état était de 630. Les procès-verbaux constatent seulement 13 absences : 5 pour la viguerie de Mauvesin et 7 pour la châtellenie d'Aspet, sans compter ceux du Couserans qui ne se présentèrent pas. Aubergistes et particuliers se multiplièrent afin d'héberger le mieux possible grands seigneurs et bourgeois. D'après une note retenue par M. Monjausieu, curé de Saint-Germier de Muret, à la suite des actes de naissance, mariage et décès pour l'année 1789, on perdit beaucoup sur les provisions qui avaient été faites ; car il manqua plus de la moitié des membres du clergé et de la noblesse pour le Nébouzan. Le Couserans fit à peu près défaut. L'évêque et 6 membres seulement du clergé de ce diocèse répondirent à l'appel. Aussi le prix des logements tomba-t-il de 4 et 5 livres à 20 et 30 sols par jour.

La première séance eut lieu le 6 avril, celle de l'assemblée générale des trois ordres qui se tint, à huit heures du matin, en l'église paroissiale Saint-Jacques où la messe du Saint-Esprit fut célébrée par Monseigneur l'évêque du Couserans, sous la présidence du marquis d'Espagne[1], assisté de M. Lavignerie, lieutenant-général en la sénéchaussée, et de M. Petit, procureur du roi. Un discours fut prononcé par le sénéchal président, et un autre par le procureur du roi « relativement à l'objet de l'assemblée ». Après quoi il

1 Il descendait d'Arnaud d'Espagne, troisième vicomte de Couserans, qui fonda Montrejeau (mons Regalis) avec le roi Philippe le Hardi, en 1272. Roger d'Espagne devint chef de la maison de Montespan, qui avait aussi un château à Ausson, « où ils recevaient les deniers dûs aux sires de Montespan, à raison du péage qu'ils avaient imposé à tous les voyageurs et marchands étrangers qui traversaient les territoires d'Ausson et de Montréal. »

fut ordonné qu'il serait sur le champ procédé à l'appel des divers membres des trois ordres, suivant les assignations qui leur avaient été données, « pour leurs pouvoirs ou titres être vérifiés et ensuite être procédé à la transcription de leurs noms sur le procès-verbal. » Il est donné acte des comparutions et défaut contre les non comparants.

A ce moment un incident se produit; c'est la protestation à laquelle il a été fait allusion précédemment et qui a pour objet de revendiquer pour le Nébouzan le droit d'être convoqué et représenté séparément. M. Montalègre, syndic du pays de Nébouzan, député de la ville et communauté de Saint-Gaudens, prend la parole et déclare[1] « que, pour obéir aux ordres de Sa Majesté, tous les députés se sont rendus à la présente assemblée, protestant néanmoins contre la surprise faite à la religion de Sa Majesté qui l'a déterminée à convoquer le Nébousan dans l'assemblée du comté de Comminges, sous prétexte que le Nébousan a fait autrefois partie dudit comté; ce qui n'est point, les Etats de Nébousan ayant toujours fait un corps séparé dépendant de l'ancien domaine de Navarre, dont le comté de Comminges n'a jamais fait partie; que cette vérité a été plusieurs fois reconnue par le gouvernement, qui a maintenu les Etats de Nébousan dans leurs droits par des lettres de confirmation de leurs priviléges et renouvelées de règne en règne, notamment à l'heureux avénement de Sa Majesté à la couronne. La ville de Saint-Gaudens, capitale du Nébousan, tant pour elle que pour tout le comté de Nébousan, est d'autant plus intéressée à protester contre cette réunion, que la supériorité des voix donnant

1. On verra par la suite cette protestation se reproduire sous diverses formes, et on appréciera le ferme attachement des représentants du Nébouzan aux franchises et à l'autonomie de ce pays.

toute l'influence au comté de Comminges, des députés qui pourraient être nommés dans cette assemblée auraient à soutenir les droits dudit comté de Comminges, absolument différents de ceux du Nébousan, et que, si ce corps n'est pas suffisant pour avoir une représentation particulière, il aurait été plus naturel de le réunir aux Quatre-Vallées qui ont le même régime et les mêmes intérêts à soutenir. C'est pourquoi les députés qui vont être nommés sont chargés de requérir l'inscription de la présente protestation dans le procès-verbal de l'assemblée dudit comté de Comminges, et, au cas de refus, de se réunir aux autres députés du comté de Nébousan pour faire signifier à M^r le procureur du roi la présente protestation. Lesdits habitants ont remis auxdits députés le cahier afin de le porter à l'assemblée qui se tiendra le 16 de ce mois, et leur ont donné tous pouvoirs requis et nécessaires à l'effet d'être présents en ladite assemblée pour toutes les opérations prescrites, comme aussi de donner pouvoirs généraux et suffisants de proposer, remontrer, aviser, et de consentir tout ce qui peut concerner les besoins de l'Etat, la réforme des abus, l'établissement d'un ordre fixe et durable dans toutes les parties de l'administration, la prospérité générale du royaume et le bien de tous et chacun des sujets de Sa Majesté. »

Après la lecture de cette protestation, dont il est donné acte, le sénéchal reçoit le serment de tous les ecclésiastiques, de tous les nobles et des membres du tiers état présents à l'assemblée. Les prêtres prononcent la formule, « les mains mises sur la poitrine ; les laïques, les mains levées vers le ciel. »

Cette formalité était à peine remplie, que Me Bisson, chanoine précenteur du chapitre cathédral de Couserans, demanda la parole pour formuler à son tour une protestation : « Je parle, dit-il, au nom de tous les membres du clergé de Couserans présents. Vous savez, par les actes multipliés qui vous sont parvenus de la part du pays de Couserans, que des lettres ministériel-les, qui annonçaient la convocation de cette assemblée dans la ville de Saint-Girons, ont engagé le pays de Couserans à ne point se rendre à Muret. Cette résolu-tion, qui est peut-être l'effet de l'erreur, paraît sou-tenue. Mais ceux au nom de qui je parle, quoique en petit nombre, pour donner l'exemple de la soumission aux ordres du roi, s'étaient flattés qu'en se rendant à Muret ils pourraient faire changer la résolution du Couserans. Sur le vœu général de la présente assem-blée qui se fait connaître de toute part, on a envoyé un exprès au Couserans pour le solliciter à se prêter aux circonstances et à venir. On attend la réponse de-main.

« Ceux au nom de qui je parle, étant en si petit nombre, ne sauraient se séparer de la partie du clergé restante dans le Couserans. Auquel effet vous êtes prié, monsieur le sénéchal, de vouloir bien accorder acte au suppliant, pour tous les membres ici présents, qu'ils ne demeurent dans la présente assemblée que jusqu'à la connaissance qu'ils auront de la détermina-tion ultérieure qu'auront pris les membres du clergé absents sur l'invitation qui leur a été faite, sans entendre acquiescer à ce qui aura été fait. »

La protestation du syndic de Saint-Gaudens n'était plus qu'une question de principe, que la Révo-lution allait rendre sans intérêt en faisant disparaître la division par provinces. Quant à celle du clergé du Couserans, nous n'avons pas trouvé dans les procès-verbaux la réponse annoncée pour le 7 avril. Nous savons seulement, ainsi que nous l'avons dit plus haut, que le diocèse de Couserans ne fut représenté à l'assemblée de Muret que par l'évêque, l'abbé de Roquemaurel, l'abbé Besson, le curé de Montesquieu, celui de Mercenac et celui de Caumont.

Quoi qu'il en soit, les trois ordres se retirèrent dans les lieux de réunion qui leur avaient été respectivement assignés par le sénéchal. L'ordre du clergé alla tenir ses séances en l'église paroissiale de Saint-Germier, aujourd'hui détruite ; celui de la noblesse, dans l'église des Cordeliers[1], qui a subi le même sort ; enfin, le tiers état siégea dans l'église actuelle Saint-Jacques, plus spacieuse que les deux autres. Le clergé fut d'abord présidé par l'évêque de Couserans [Saint-Lizier], et il nomma pour secrétaires, dans la séance du 17 avril, l'abbé de Malafosse, chanoine de Toulouse et vicaire-général du diocèse de Couserans, et l'abbé de Cartier, archiprêtre de Fronsac, diocèse de Comminges, « lesquels, ayant pris place, ont fait l'appel des vocaux des différents diocèses, suivant le catalogue annexé au procès-verbal. »

Là encore, organe du clergé de Nébouzan, l'abbé Piette, chanoine, député du chapitre collégial de Saint-Gaudens en Comminges, pays de Nébouzan, « prie l'assemblée d'insérer dans le procès-verbal la protestation qu'il fait, que la présence de ce clergé et son obéissance ne doit ni ne peut porter préjudice relativement aux droits du pays de Nébousan, adhérant en tant que de besoin aux protestations qui peuvent être faites par la noblesse et le tiers état de Nébousan, pour la conservation des droits de cette province. »

Les abbés, tant séculiers que réguliers, les dignitaires des chapitres, les bénéficiers simples et généralement tous les gros décimateurs autres que les simples curés, protestent, à leur tour, « contre la

1. D'après le procès-verbal de la séance du 16 avril, signé par le marquis d'Espagne, c'était d'abord au consistoire de l'hôtel de ville de Muret que l'ordre de la noblesse devait se réunir.

convocation des États généraux portée par le règlement du mois de janvier dernier dont ils demandent le changement; » et, comme les curés réclament le maintien « des règlements et de la forme des convocations actuelles, » il est arrêté que la question sera portée par les députés aux États généraux eux-mêmes pour y être statué ce qu'il appartiendra.

De son côté, le même abbé Besson, précenteur de l'église cathédrale de Couserans, dit. : « que les obits et chapelles non spiritualisées ne pouvant être regardés comme vrais bénéfices, mais seulement comme simples prestimonies, ne donnaient point d'entrée ni de suffrages dans l'assemblée; sur quoi, messieurs les obituaires ayant réclamé contre cette proposition, M. le président a proposé de nommer quatre commissaires, à l'effet de se retirer par devant M. le sénéchal pour faire juger cette contestation. Et, à l'instant, M. l'abbé des Feuillants, M. Cornus, curé de la paroisse Saint-Jacques de Muret, M. Lasmartres, curé de l'Isle-en-Dodon, et M. Darnaud, bénéficier de la cathédrale de Saint-Bertrand de Comminges, ont été nommés pour remplir cette commission. M. le président ayant indiqué la séance suivante, au même jour à quatre heures et demie après midi, l'assemblée s'est séparée. » La décision du sénéchal fut que les obituaires payant décimes seraient admis dans l'assemblée, soit personnellement, soit par procuration. Au même moment, dix-huit commissaires étaient nommés pour la rédaction des cahiers :

MM. Rolland, chanoine, député du chapitre métropolitain, et M. Cornus, curé de Saint-Jacques de Muret, pour le diocèse de Toulouse;

MM. l'abbé de Roquemaurel, dignitaire sacristain de l'église cathédrale; Roulan, curé de Montesquieu,

Lazerge, curé de Mercenac, N. . . . , curé de Caumon, pour le diocèse de Couserans.

Les diocèses de Comminges et de Tarbes furent représentés par : MM. l'abbé Demoulin, archidiacre de Saint-Bertrand ; l'abbé Tridolat, chanoine précenteur ; Grasset, archiprêtre de Cieutat[1] ; Laforgue, curé de Villeneuve ; Cabaré, curé de Siadous ; Lasmartres, curé de l'Isle-en-Dodon.

Le diocèse de Lombez vit désigner : MM. l'abbé de Labrugière, chanoine de la cathédrale de Lombez ; Bistos, curé-sacristain ; Dalhemar, curé de Samatan.

M. Delage, curé de Monbrun, représenta le diocèse de Rieux.

Les évêques de Couserans et de Comminges furent priés de présider les bureaux de la rédaction des doléances.

Le 20 avril, le clergé s'occupa de l'examen du cahier, les doléances du chapitre de Saint-Gaudens ayant été les premières lues, approuvées et annexées au procès-verbal. Les articles du cahier général furent ensuite discutés les uns après les autres et arrêtés « ainsi qu'ils sont contenus dans le cahier annexé au procès-verbal. »

Sur la proposition du président, et à l'imitation du clergé d'Auch, l'assemblée, « voulant effectuer l'offre qu'elle a faite d'une contribution proportionnelle aux impositions royales, provinciales et locales, et marquer son vœu sur la forme qui lui paraît devoir être adoptée pour l'entretien des routes, » arrête qu'elle fournira en argent sa part contributive, proportionnelle à celle des autres ordres, pour l'entretien desdites routes, sans prétendre néanmoins y assujettir le clergé des provinces qui pourrait y avoir un régime

1. Diocèse de Tarbes.

différent. L'abbé de Villot, parlant au nom du clergé du Nébouzan, accède à cette délibération à condition que les fonds fournis par le Nébouzan seront employés à l'entretien des chemins de cette province. Pour le diocèse de Lombez, l'abbé de Labrugière adhère à la même résolution, « mais sous condition expresse que l'administration provinciale voudra s'occuper très-incessamment de la réparation d'une partie de la route de Lombez à Toulouse, devenue impraticable et qui intercepte la marche ordinaire de la messagerie. »

L'assemblée décide que la délibération qu'elle vient de prendre sera communiquée aux deux autres ordres en les invitant à arrêter que les travaux des routes soient faits, « non pas par la corvée, mais à prix d'argent. »

Cependant l'évêque de Couserans communique à l'assemblée la résolution qu'il a prise, « malgré la peine qu'il en a, » de se rendre aux vœux de ses diocésains qui le rappellent. Il invoque l'abstention d'un grand nombre d'ecclésiastiques de son diocèse et le départ de quelques membres de son chapitre qui l'avaient accompagné, la noblesse et le tiers état n'ayant pas d'ailleurs répondu à la convocation. Il dit combien il est pénétré de reconnaissance « pour les marques d'amitié et de confiance que l'assemblée lui a données » et il remet la présidence à Mgr l'évêque de Comminges, « qui lui témoigne, au nom de toute l'assemblée, combien il est fâché de ne point profiter plus longtemps de son zèle et de ses lumières. »

Ce même jour, à quatre heures du soir, les commissaires qui avaient été désignés à cet effet viennent annoncer à la réunion l'adhésion de la noblesse et du tiers état aux résolutions de l'assemblée relativement à l'entretien des routes, « lesquels ont unanimement

applaudi aux dispositions généreuses du clergé. » Six
députés de l'ordre de la noblesse et deux du tiers
état viennent ensuite successivement complimenter
l'assemblée. Puis on discute les articles suivants du
cahier des doléances et l'on donne acte de la protestation des décimateurs contre la demande des curés ten-
dant au partage du paiement des vicaires, l'assemblée
n'étant pas en nombre pour voter sur ce chef. Enfin,
il est procédé à la nomination des scrutateurs, les
votes étant recueillis par les trois plus âgés des membres présents, savoir : le prieur des religieux de Bonnefont, l'archiprêtre de Saint-Paul-d'Oueil et le curé
de Polastron-Bourgeac ; il en résulte que la majorité
des suffrages se sont portés sur l'abbé Astré, curé de
Lavernose, l'abbé Monjausieu, curé de Saint-Germier
de Muret, et l'abbé Dalhémar, curé de Samatan.

Ce fut le 22 avril, à huit heures du matin, qu'eut
lieu le scrutin pour l'élection des députés du clergé
aux États généraux : MM. Cornus, curé de Saint-Jacques de Muret, et Lasmartres, curé de l'Isle-en-Dodon,
ayant chacun réuni plus de la moitié des suffrages,
furent proclamés députés.

L'ordre de la noblesse élut le 17 avril[1], pour la rédaction des cahiers, MM. le vicomte Dustou, le comte
de Panetier, Delahaye, Darcizas, de Marssac, de Fontenilles, de Sarrieu, le vicomte de Noé, le comte de
Vernon, le commandeur de Comminges, Dispan, de
Binos, baron du Cuing.

Dans la séance du lendemain, tenue à l'hôtel de
ville, il fut arrêté que les députés aux États généraux
demeureraient autorisés à consentir une égale répartition de l'impôt sur les biens-fonds, sans distinction

---

[1]. L'intervalle du 6 au 17 avril avait été employé à la préparation
des doléances.

de nobles et de ruraux, mais à la charge qu'il serait
fait dans chaque communauté un rôle séparé pour les
fonds nobles, « à l'effet de conserver leurs prérogatives, et que les hommages et dénombrements seraient
reçus sans autres frais que ceux d'expédition. »

· Le procès-verbal de la réunion suivante est plein
d'intérêt. Il contient comme un avant-coureur de la
fusion des trois ordres qui allait être le premier résultat de la Révolution. Le voici tout entier : « MM. de
l'ordre du clergé ayant fait prévenir l'assemblée qu'ils
se proposaient d'envoyer une députation, il a été délibéré que M. le vicomte de Noé, M. le comte de
Vernon, M. Dispan, M. de Lamezan, M. de Marssac
et M. Darros iraient recevoir la députation et la con-
duiraient dans la salle de l'assemblée; et dans le même
instant la députation du clergé s'étant fait annoncer,
MM. les commissaires ont introduit dans la salle
MM. les députés au nombre de six. Après avoir salué
l'assemblée, l'un d'eux a prononcé un discours, dans
lequel il a exprimé les sentiments qui animent le
clergé de se réunir avec la noblesse pour venir au secours du tiers état, à raison des corvées, par une prestation en argent. MM. les députés ont fait part de la
délibération prise à ce sujet dont la lecture a été faite
à l'assemblée. M. le sénéchal, au nom de la noblesse,
les a complimentés et les a assurés que l'intention de
l'assemblée était de se joindre à leur ordre pour
améliorer le sort du tiers état ; qu'elle avait en conséquence pris un arrêté, pour leur en faire part lorsqu'elle serait instruite de leur réunion. Puis MM. les
députés se sont retirés et ont été reconduits de la
même manière qu'ils avaient été reçus.

« Et, desuite, il a été fait lecture des doléances
projetées par MM. les commissaires, dont la lecture
n'ayant pu être achevée parce qu'il était trop tard, la

séance a été renvoyée à demain, 21 du courant, à sept heures pour huit du matin. »

Le lendemain on délibéra sur le point de savoir s'il serait porté, dans le cahier des doléances, un article « pour former par exprès un vœu pour payer l'impôt en nature, ou bien, si l'on devait s'en rapporter à la sagesse des États généraux pour déterminer la nature de l'impôt. » Ce dernier parti fut adopté.

Au début de la séance du 21 avril, et en exécution de la résolution prise le 20, il est procédé à la nomination des commissaires chargés d'aller faire connaître, au clergé et au tiers état, la décision d'après laquelle l'ordre de la noblesse contribuerait désormais à alléger le fardeau des corvées incombant au tiers état, par des prestations en argent. M. Doujat offre même, « en qualité de patriote et d'ami du tiers, et pour le soulagement particulier de cet ordre, les trois quarts de ses revenus de toute nature, si tel est le vœu général de l'assemblée, jusqu'à l'entier comblement du déficit; » mais il se plaint de ce que les membres de l'assemblée, non possesseurs de fonds nobles, ont opiné sur cet objet. Il proteste en outre contre la non-adhésion des mêmes membres « à ce qu'il fût demandé que, dans le cas où, pour le bien public, le roi et la nation jugeraient à propos d'anéantir le privilége réel et commun aux trois ordres de l'exemption de la taille, la finance dudit privilége serait remboursée aux acquéreurs légaux de ce privilége, suivant le prix qui serait fixé par des experts, et au moyen d'une quittance de l'entier montant de ses impositions que chaque possesseur de fonds noble fournirait annuellement au collecteur jusqu'au parfait remboursement. » Le même membre ajoute « qu'il demande l'abolition du franc-fief[1], moyen nécessaire pour parvenir à l'égalité de l'impôt dans les trois ordres ; qu'il proteste contre le vœu et la non-adhésion de non-possesseurs de fonds noble, comme attentatoire à la loi fondamentale qui, en garantissant les propriétés, assure la stabilité du trône et le bonheur de la nation. » Le comte de Lamezan ayant déclaré s'associer à la protestation de M. Doujat, acte leur en est donné par le sénéchal, qui décide provisoirement qu'il ne sera plus opiné sur aucune proposition jusqu'après la nomination des députés.

A ce moment vingt-quatre députés du tiers état sont introduits, et l'un d'eux prononce un discours dans lequel il exprime « combien leur ordre a été sensible à la générosité et à la loyauté avec laquelle la noblesse avait fait le sacrifice de ses priviléges pécuniaires, en votant l'égalité de l'impôt sur tous les biens-fonds sans exception. »

Le procès-verbal se borne à constater encore que tous les articles du travail des commissaires ont été soumis au jugement de l'assemblée, « qui l'a agréé après l'avoir examiné article par article et avoir délibéré sur chacun d'eux. »

Dans la séance du 22, on nomma les scrutateurs pour l'élection des députés aux Etats généraux. Les suffrages désignèrent MM. le commandeur de Comminges, le marquis d'Arcizas et le comte de Panetier.

A l'invitation du syndic du Nébouzan et du chanoine député du chapitre de Saint-Gaudens, M. Dispan de Floran produisit à son tour la protestation de la noblesse contre le règlement royal du 19 février,

---

1. On appelait droit de franc-fief, une taxe ou finance qu'on exigeait des roturiers, à cause des fiefs ou autres biens nobles qu'ils possédaient.

qui faisait rentrer le Couserans et le Nébouzan dans
l'arrondissement du pays de Comminges. S'autorisant
de l'absence de la noblesse du Couserans qui, s'as-
sociant aux deux autres ordres de ce pays, réclame une
députation particulière, il demande que la noblesse du
Nébouzan ait son représentant à « l'Assemblée nationale, » pour y défendre ses droits et ses priviléges.
Mais la réunion passe outre à la nomination collective
des deux députés aux Etats généraux pour la noblesse
des trois pays. Au troisième tour d'un premier scrutin,
le baron de Montagu-Barrau est élu. Le second député
est le vicomte d'Ustou Saint-Michel, élu, lui aussi, au
troisième tour.

Le même jour, le sénéchal marquis d'Espagne
donne acte de ce que le cahier des doléances est arrêté,
et aussi de la nomination des députés. Il annonce
qu'il va recevoir le serment de ces derniers dans l'assemblée générale indiquée à la grande église paroissiale ; et, l'assemblée étant close, il autorise MM. de la
noblesse à se retirer.

VII

Nous avons déjà dit que les assemblées du tiers état
devaient être présidées par M. Laviguerie, juge royal
de Muret, avec le titre de lieutenant général, désigné
d'office à cet effet par l'article 9 de l'ordonnance du
24 mars.

Dès la première réunion particulière du 17 avril,
dans l'église Saint-Jacques où les deux ordres s'étaient
encore assemblés le matin pour se rendre ensuite aux
lieux désignés par le sénéchal, il fut ordonné qu'il
serait procédé à la rédaction des cahiers par châtelle-

nie, chacune devant choisir quatre commissaires qui
seraient chargés de rédiger les doléances. Cela fait et
les noms des commissaires étant connus, le président,
« afin de fournir des moyens d'économie aux députés
des communautés, » les autorisa à se retirer chez eux
jusqu'au lundi 20, à trois heures de l'après-midi. Dans
l'intervalle les commissaires rédacteurs rempliraient
leur mission. Mais voici de nouvelles réserves de la
part du Nébouzan. Ses commissaires comparaissant
représentèrent « qu'ils auraient accepté le nombre
qu'il avait plu au président de fixer, quoique cela ne
satisfît pas leurs droits et leurs désirs ; mais qu'ils
acceptaient cependant leur commission afin de ne pas
rompre la concorde qui devait régner dans l'assemblée, et qu'ils ne l'acceptaient ainsi que sous la réser-
vation expresse que cela ne pourrait nuire au Nébousan
quant aux opérations ultérieures, et notamment quant
à la rédaction des doléances. » De quoi il leur fut
donné acte « pour tout le pays de Nébousan, consen-
tant à toutes les réservations de droit du Comminges
et sans préjudice du droit respectif des deux pays. »

Mais le Nébouzan ne se tint pas pour battu. Le
lendemain il éleva la prétention de faire porter à vingt
le nombre de ses commissaires rédacteurs, que le président avait, la veille, fixé à huit. La discussion fut
longue et irritante. « Voyant, dit le lieutenant général, que nous ne pouvions rien attendre de l'esprit de
conciliation, que même lesdits commissaires demandent un délibéré général qui leur offrirait un député
aux Etats généraux, ne pouvant les commissaires du
Comminges assumer sur eux seuls une telle décision,
vu toutes ces difficultés, demeurant le refus des
commissaires dudit Nébousan de demeurer fixés à
huit pour concourir à la rédaction des cahiers du
Comminges, Couserans et Nébousan : Nous ordon-

nons que le pays de Nébousan en corps et ainsi qu'il
avisera fera sondit cahier séparé, pour être ensuite
réuni à celui du Comminges et Couserans pour en
faire un seul qui sera agréé en assemblée générale[1]. »
La rédaction des doléances commença sur-le-champ et
trois scrutateurs furent nommés.

A la première séance du 22, après avoir obtenu la
réunion de leur cahier à celui du Comminges et du
Couserans, les députés du Nébouzan formulent deux
nouvelles réclamations. Dans la première ils demandent que « le déficit soit réparti sur les provinces pro-
portionnellement à leurs contributions personnelles et
réelles actuellement existantes en corps de pays,
après quoi lesdites provinces répartiront, comme elles
le trouveront juste, leurs contributions anciennes et
leur quote-part du déficit sur tous les contribuables
ecclésiastiques, nobles et roturiers et proportionnelle-
ment à leurs facultés, soit au personnel, soit au réel,
tâchant d'atteindre les possesseurs des fortunes mobi-
lières, en sorte que lesdites provinces soient quittes
envers le gouvernement en payant leur quote-part. »
La seconde réclamation des députés du Nébouzan
rentre dans la préoccupation persévérante des représentants de ce pays. Il s'agit d'arriver, cette fois, à
obtenir qu'au moins un député, sur les quatre que les
trois pays réunis sont appelés à nommer pour les
Etats généraux, soit pris parmi « les sujets dudit Nébousan, » les billets portant le nom de tout autre devant être annulés. Que si le Couserans se rend enfin à
la convocation, « s'il descend, dit le procès-verbal, et
qu'il faille lui faire sa part de la députation, ou qu'elle
soit réduite par toute autre cause, le Nébousan n'y

---

1. Le procès-verbal ne fait pas connaître pourquoi cette séance du
tiers état s'est tenue, non plus dans l'église Saint-Jacques, mais dans
celle des Cordeliers, lieu de réunion de la noblesse.

contribuera point et gardera toujours sa nomination. »
La motion ajoute : « qu'au surplus il soit arrêté et
déclaré, avant le scrutin pour la nomination, si les
sujets du Comminges voteront ou ne voteront pas
dans la nomination du député du Nébousan, les sujets
du Comminges recevant l'option sur cette alternative ;
et si, finalement, les sujets du Comminges veulent
voter avec ceux du Nébousan lorsqu'il s'agira du
choix du député dudit Nébousan, ceux du Nébousan
voteront aussi lorsqu'il s'agira du choix du député du
Comminges, et s'ils ne veulent pas voter dans le premier cas, ceux du Nébousan ne voteront pas dans le
second. »

Comme précédemment, il est simplement donné
acte de ce double chef de demande, « pour y avoir
recours le cas échéant. » Immédiatement après on
procède à l'élection des députés aux Etats généraux.

Ce jour-là, le sieur Latour, docteur en médecine,
maire électif de la ville d'Aspet, obtint la majorité
des suffrages. Le jour suivant ce fut le sieur Bertrand Pégot, négociant à Saint-Gaudens. Le 24 avril,
l'assemblée nomma M. Jean-Pierre Roger, juge royal
de Simorre, habitant de l'Isle-en-Dodon. Le lendemain
les suffrages se portèrent sur le président lui-même,
Jean Laviguerie, juge royal au siége de Muret, faisant, pour la circonstance, fonctions de lieutenant
général en la sénéchaussée de Comminges. Les scrutateurs l'ayant requis de déclarer s'il acceptait son
élection, il répondit qu'il l'acceptait en effet « avec
la plus sincère et respectueuse reconnaissance envers
le tiers état, le priant néanmoins de vouloir bien lui
donner une nouvelle preuve de ses bontés en lui ac-
cordant un adjoint. » L'assemblée résista « et exigea
au contraire qu'il remplît par lui-même le fait de sa

nomination. » M. Laviguerie se proclama donc député et déclara close la session.

Nous n'omettrons pas ici une circonstance constatée à la fin du procès-verbal de cette séance de clôture pour le tiers état. C'est que le président fut requis, « par une réclamation générale, d'octroyer taxe à chacun des députés des communautés des trois pays, afin que chacun pût se retirer de suite, la plupart se trouvant épuisés de dépenses. » Répondant au vœu général, M. Laviguerie accorda aux avocats, médecins, bourgeois de la première classe, négociants non détaillants huit livres par jour, et six livres à chacun des autres membres du tiers état, « depuis le jour du départ de leur domicile jusqu'à celui qu'ils se seront rendus chez eux. »

Le 23 avril, dans l'église paroissiale de Muret et en assemblée générale, présidée par le marquis d'Espagne, les députés de la noblesse prêtèrent les premiers le serment requis, « les mains mises sur les Saints Evangiles, de remplir les fonctions qui leur sont confiées, avec toute la probité et délicatesse qui les caractérise, ainsi que suivant Dieu et leur conscience. »

Le 25, ce fut le tour des quatre députés de l'ordre du tiers, qui jurèrent suivant la même formule et de la même manière.

Le 26, l'assemblée reçut le serment des députés du clergé, qui le prêtèrent dans les mêmes termes, mais seulement « leurs mains mises sur la poitrine. »

La période des Etats généraux allait s'ouvrir dès le lundi 27, en attendant leur réunion effective à Versailles, fixée au 5 mai suivant.

Cependant Muret, si animé pendant vingt jours, allait retrouver son calme ordinaire avec l'aspect archaïque et sombre que lui donnait une partie de ses anciens remparts encore debout.

VIII

Nous allions clore notre compte rendu des assemblées des trois ordres, lorsque, parmi les documents que nous avions consultés, deux pièces jaunies, maculées, peu lisibles, et qui nous avaient paru d'abord de pure forme, ont attiré notre attention. L'une, du 24 avril, contient la notification faite au sénéchal, par ministère de Bayonne, huissier royal audiencier, des protestations formulées la veille par quelques seigneurs du Comminges, pendant la rédaction des cahiers de la noblesse. Elles ont trait, en premier lieu, « au délibéré qui a empêché que leur vue pour l'impôt territorial en nature, non compris les dîmes insolites, fût exprimée dans leurs cahiers, vu que dans le second délibéré, pour vider le partage sur cet objet, la question a été présentée sous des dénominations différentes qui ont produit une erreur dans la plupart des suffrages qui n'ont pas donné le vrai vœu de leur cœur. » Les exposants insistent pour qu'on revienne sur la motion par laquelle on demandait que les fruits-prenants fussent obligés à l'entretien et réparation des églises et presbytères, et à verser annuellement, dans la caisse du bureau de charité de chaque communauté, le quart des fruits qu'ils en retireraient. Il était précisé toutefois que tout curé décimateur, auquel il resterait quitte pour douze cents livres de revenu, « fût mis à la congrue[1] dont le tiers état avait demandé la fixation à pareille somme. »

---

1. On entendait par portion congrue, une pension due au curé ou vicaire perpétuel qui desservait une cure, ou au vicaire amovible du curé ou vicaire perpétuel, par ceux qui percevaient de grosses dîmes dans la paroisse.

La protestation avait un autre objet. Elle exprimait le regret qu'on n'eût pas ajouté aux doléances un article concernant l'éducation de la jeunesse. Ses signataires réclamaient l'établissement, dans chaque province, de maisons d'éducation pour les jeunes nobles des deux sexes, « à l'instar des maisons de Sorèze et de Saint-Cyr, et que le nombre des places ainsi que les revenus assignés à cet effet fussent plus ou moins nombreuses et considérables à mesure que les provinces seraient plus ou moins étendues ou pauvres, et de prier les Etats généraux d'avoir particulièrement égard à l'éloignement de la Cour et à la pauvreté de la noblesse du comté de Comminges, les places gratuites comme l'école militaire Saint-Cyr et autres établissements n'ayant eu lieu que pour la pauvre et ancienne noblesse, et non pour la faveur[1]. » L'exploit de sommation est rédigé dans le style extrajudiciaire, avec élection de domicile pour les exposants, les uns en leurs châteaux, les autres, « pour vingt-quatre heures seulement, » au greffe de la sénéchaussée.

Un autre acte d'huissier, en date du 25 avril, nous apprend qu'au cours des opérations le sénéchal marquis d'Espagne avait remarqué que « plusieurs particuliers de l'assemblée avaient pris des qualités qui blessaient les droits du seigneur requérant, comme seigneur justicier et directe[2] des lieux et terres ci-dessus dénombrés, « c'est-à-dire de la baronnie de Ramefort et dépendances, de la châtellenie de Cassa-

---

1. Il y avait, en effet, dans l'abbaye de Sorèze, douze places réservées à des gentilhommes pauvres de la province, dont les pères étaient morts au service.

Ed. de Barthélemy, *La Noblesse*, p. 60.

2. « La *directe* c'était la seigneurie, c'est-à-dire la propriété supérieure de laquelle relevait un autre héritage, le *domaine éminent*. »

Elle était imprescriptible comme le *cens*. (*Institutes coutumières* de Loysel, t. II, § XXV n° 735.)

gnabère, Peyrouzet et Galas, du paréage avec le roi de la vallée de Biros. » En conséquence, et par surcroît de précaution, ledit marquis « croit devoir à ses intérêts des actes conservatoires plus particuliers, » faisant par là allusion au règlement du roi, qui disait en termes exprès « qu'il ne pourrait être pris avantage ou résulter de dommages pour personne de ce qui serait fait en l'assemblée. » C'est pourquoi il est déclaré au sieur Saurimont, greffier de la commission de la noblesse, que le seigneur requérant « proteste de l'inutilité de tous les aveux qu'on voudrait induire de son silence et du défaut de réclamation de sa part, » attendu que, dans la circonstance, il n'a agi qu'en sa qualité de mandataire, « non en son nom personnel, mais par obéissance pour Sa Majesté. »

On ne nous saura pas mauvais gré d'avoir relaté incidemment ces deux actes dont nous avons considéré la découverte comme une bonne fortune.

En présentant l'analyse fidèle de ces poudreux documents, nous ne pouvons nous défendre d'un regret vivement ressenti.

Nous avons vainement cherché quelque trace des procès-verbaux des doléances rédigés par les trois ordres. Les cahiers qui, selon le mot de M. de Tocqueville, resteront comme le testament de l'ancienne société française, furent réunis dans les archives nationales et on ne trouve rien des travaux préparatoires, ni des délibérations elles-mêmes, dans les archives départementales. Il est permis de supposer, qu'à part divers points d'intérêt local, les cahiers du Comminges et du Nébouzan ressemblèrent à la grande majorité de ces solennels écrits qui réclamaient avant tout, ceux du tiers état du moins, « au milieu de vœux confus et souvent chimériques, » la liberté civile, l'égalité devant la loi, l'intervention de la nation dans

le vote de l'impôt, une sage liberté politique réglée
par des lois modérées et conservatrices. De récentes
publications sur cette intéressante matière ont confirmé ce que M. Thiers avait dit dans son *Histoire de
la Révolution Française*[1], en résumant les aspirations
de la France à ce moment où se préparaient les éléments d'une profonde transformation politique et
sociale : « Tous les cahiers avaient énergiquement
exprimé le besoin d'une constitution et s'étaient même
expliqués formellement sur ses principes fondamen-
taux. Ils avaient unanimement prescrit le gouvernement monarchique, l'hérédité de mâle en mâle,
l'attribution exclusive du pouvoir exécutif au roi, la
responsabilité de tous les agents, le concours de la
nation et du roi pour la confection des lois, le vote de
l'impôt et la liberté individuelle. Mais ils étaient divi-
sés sur la création d'une ou de deux chambres législa-
tives, sur la permanence, la périodicité, la dissolution
du corps législatif, sur l'existence politique du clergé
et des parlements, sur l'étendue de la liberté de la
presse. »

On sait comment ces grandes questions ont été ré-
solues depuis, quelles vicissitudes leur étaient réservées et comment l'histoire reste encore pour elles un
livre ouvert.

Ici finit l'humble tâche que nous nous étions im-
posée. Mais qu'il nous soit permis de l'avouer, les
recherches dont cet opuscule, surtout dans notre seconde partie, indique le résultat, ont été pour nous

1. t. i. p 83.

comme une évocation de ces graves figures des aïeux, encore vivantes dans le souvenir de plusieurs de nos concitoyens, et nous aurions voulu associer ces derniers à l'émotion que provoquait en nous la lecture de ces vénérables liasses où une forte génération disparue a laissé son empreinte.

Avons-nous d'ailleurs besoin de dire que ce travail n'a pu ambitionner d'autre mérite que celui de l'exactitude, c'est-à-dire de la fidélité aux documents originaux qui en ont fourni la matière? C'est par là qu'il lui sera peut-être donné de présenter quelque intérêt à ceux des habitants des anciens pays de Comminges, Nébouzan et Couserans qui aiment à retrouver, jusque dans un obscur épisode de notre histoire nationale, le nom des ancêtres qui ont contribué à préparer, en ce qu'elle avait de légitime et de durable, l'œuvre de rénovation qui devait sortir des Etats généraux de 1789 ?

Octobre 1879.

TROISIÈME PARTIE

CATALOGUE DES MEMBRES DES TROIS ÉTATS POUR L'ASSEMBLÉE DE MURET

Avant de donner la nomenclature des membres des trois Etats, nous dirons, d'une manière générale, que nous ne garantissons pas l'exactitude des noms de personne ou de lieu. En reproduisant le triple catalogue manuscrit qui est annexé aux procès-verbaux, nous avons conservé l'orthographe suivie dans le document lui-même.

I

CLERGÉ

Mgr l'ÉVÊQUE de Conserans, président de l'ordre du clergé.

DIOCÈSE DE COMENGE

PRÉSENTS	REPRÉSENTÉS PAR PROCURATION
Mgr l'évêque de Comenge . . . . . (A)	Dames Religieuses de Saint-Gaudens. (B)
	Mgr l'archevêque de Toulouse
L'abbé Demoulin, archidiacre. . . .	l'abbé de Cambon, abbé d'Ennes
	le supérieur de la Trinité de St-Gaudens.
L'abbé de Latour, grand ouvrier. . .	M. Dagos, chapelain du Cuing.
	Chapitre cathédral de Saint-Bertrand.

M. Fredolal, précenteur, député . . . (c) {le chapitre cathédral de Saint-Bertrand / le prieur hospitalier de Labroquére.

M. Devillot, sacristain de Saint-Gaudens. . le chapitre de Baignéres-de-Luchon.

M. Piette, doyen de Saint-Gaudens, député, {M. Cousier, chapelain de Saint-Plancart. / M. Saint-Martin, obituaire de St-Gaudens. (G)

M. Darnaud, prébendé de Saint-Bertrand (D) {M. Sarras, curé de Lomné. / l'archiprêtre de Marignac.

M. Lorman, prébendé de Saint-Gaudens. . {le curé de Milhas. / le prieur, curé de Sainte-Anne.

Le prieur de Bonnefont . . . . . . {la communauté du Nizorts. / le chapitre de Favareau.

Le P. Decamps, commandeur de la Merci {le curé du Plan (diocèse de Rieux).
de la maison d'Aurignac. . . . . . {M. Tatareau, obituaire de Saint-Gaudens.

Le P. syndic des Dominicains de St-Gaudens.

L'abbé de Landorthe . . . . . . {l'abbé de Nizorts. / Mgr l'évêque de Rieux.

M. Verneau, curé de Labarthe-Inard. . {le curé de Beauchalot. / le curé de Mazéres.

Le curé de Ganties. . . . . . . {le curé d'Encausse. / le curé de Montastruc.

Le curé de Saint-Laurent des Religieuses {Dames Religieuses dudit. / le curé de Saint-Médard.

Le curé d'Aurignac. . . . . . . {le curé de Boussan / le curé de Miramont.

Le curé de Pointis-Inard. . . . . {le curé de Clarac. / le curé d'Escanecrabe.

Le curé de Blajau. . . . . . . {le curé de Gensac. / le curé de Nizan.

Le curé de Puymaurin. . . . . . {le curé de Guitaud. / le curé de Gaujac (diocèse de Lombez).

Le curé de Peyrissas . . . . . . {le curé de Terrebasse. / le curé de Boussens (diocèse de Rieux).

Le chapelain d'Antignac . . . . . {l'archiprêtre de Salles. / le curé de Juzet-de-Luchon.

Le curé de Lunax. . . . . . . {le curé de Soueich. / le curé d'Arbas.

Le curé de Cier-de-Luchon. . . . {le curé de Gouaux-de-Luchon. / le curé de Montauban.

Le curé de Stadens. . . . . . (E) {le curé de Stancarbon. / le chapitre d'Izaut.

Le curé de Bezins. . . . . . . {le curé d'Argut. / le curé de Boutx.

Le scolier de Stadens . . . . . (F) {le curé d'Arguenos. / le curé de Paysous.

Le scolier de Gensac. . . . . . {le curé d'Ore. / le curé de Castel-Biagues.

Le curé de Lisle-en-Dodon. . . . . {le curé de Martisserre (dioc. de Lombez). / le curé d'Anan.

Le scolier de Juzet. . . . . . . {le scolier d'Aspet. / le scolier de Péguillan.

Le chapitre de Fronsac. . . . . . {le curé de Frontignan. / le curé de Stenos. (Estenos)

Le curé de Sauveterre. . . . . . {le curé de Gourdan. / le curé de Barbazan.

Le curé de Ciadoux. . . . . . . {le curé de Cardeilhan. / le curé d'Ardiége.

M. le syndic d'Ennes.	le curé de Galié. l'abbé de Fabas.
L'archiprêtre de Saint-Paul-d'Oueil.	le curé de Cirés. le curé de Cazaril.
Le curé de Bize.	le curé de Balesta. le clergé de Saint-Gaudens.
Le curé de Francon.	le prieur d'Astussan. le curé de Marignac-Laspeyres.
Le fondé de procuration de.	M. le grand archidiacre de Comenge. le curé de Saux.
Le curé de Lestelle.	l'archiprêtre d'Ausson. le curé de Lourdes.
Le curé de Villeneuve.	le curé de Larcan. le curé de Rouéde.
Le curé de Larroque.	l'archiprêtre de Saint-Plancart. le curé de Monmaurin.
Le curé d'Eoux.	le curé de Saint-André. le curé de Salerm.
Le curé de Péguilhan.	l'archiprêtre de Saint-Gaudens. le curé de Mondilhan.
Le curé de Montespan.	le curé Daneva d'Aurignac. le curé de Latou.
Le curé de Saint-Elix.	le curé de Lodes. le curé d'Auzas.
Le curé de Mayregne.	le curé de Bourg. le curé de Castillon d'Aurignac.
Le curé de Landorthe.	le curé de Monbernard. le curé de Montoussin (diocèse de Rieux).
Le curé de Cassaigne.	le curé de Roquefort. l'archiprêtre de Baig... (dioc. de...)
Le curé de Mane.	le curé de Saint-Martori. le curé de Mantioux.
Le curé d'Ausseing.	le curé de Franqueville. le curé de Belle et Castillon.
Le scolier de Saint-André.	le curé de Lescure de Comenge. l'archiprêtre de Campistron (D. de Tarbes).
Le curé de Cassaignebère.	le curé de Fos. le curé de Batxère (diocèse de Tarbes).
Le curé de Saleich.	le curé de Frechendex (dioc. de Tarbes). le curé d'Uzer (dioc. de Tarbes).
L'archiprêtre de Salies.	le curé de Propiary. le curé de Monsaunés.
Le curé de Burgalaix.	le curé dé Cierp. le curé de Siguac.
Le curé d'Aspet.	le curé de Cazaunous. le curé de Juzet-d'Izaut.
Le curé de Betchat.	le curé de Héches et Héchètes. le curé de Marsan (diocèse de Tarbes).
Le curé de Saman.	le curé de Saint-Marcet. le chapelain de Saint-Hilaire de Bagiri.
Le curé de Mongaillard	le curé de Saint-Laurent de Nestes. le curé de Charlas.
M. Caissague, religieux de Citaux, procureur de.	le curé du Cuing. le chapelain de Blajan.

DIOCÈSE DE COUSERANS

L'abbé de Roquemaurel, dignitaire sacristain de l'église cathédrale.
L'abbé Bessoun, chanoine précenteur.
M. Roulan, curé de Montesquieu.
M. Lazerge, curé de Mercenac.
M. le curé de Caumont.

DIOCÈSE DE LOMBEZ

M. l'abbé de La Brugière	Mgr l'évêque de Lombez.
	l'archidiacre dudit
M. le prévôt.	le chapitre de Lombez.
	MM. de Lescaledieu.
M. Dupui.	
Le curé de Lussan	le curé de Montégut.
	le prieur de Peyrissac.
Le curé de Mourlens.	le curé de Puilauzic.
	le curé de Montades.
Le curé de Sauveterre.	le curé de Montblanc.
	le curé de Montamat.
Le curé de Samatan.	le curé de Lantignac.
	le curé de Villeneuve.
Le curé de Saurimont	le curé d'Amades.
	le curé de Savère.
Le curé de Lombés.	le curé de Spaon.
	le curé de Planté.
Le curé de Sennarens	le chapelain de Labusquière.
Le curé de Sabonnéres.	le curé de Pompiac.
	le curé de Moupezat.
Le curé de Cazac.	le curé de Mauvezin.
	le curé d'Agassac.
Le curé de Polastron	le curé de Castelgailhard.
	le curé de Goudex.
Le curé de Saint-Thomas	le curé de Labastide-Savés
	le curé de Saysses-Savés.
Le curé de Poucharramet	
Le curé de Laumont	
Le curé de Lambés.	

DIOCÈSE DE TOULOUSE

M. Rolland, chanoine de la métropole.	M. le prévôt de Saint-Etienne.
	M. Raoul, chap. d'Aspet (dioc. de Comenge).
l'abbé Despanés, chanoine idem. .	l'archidiacre de Rivière (diocèse de Comenge).
	M. Adoue, chap. de Soueich (d. de Comenge).
Le curé de Lavernoze.	le curé de Mauzac.
	Chapitre de Villaudran.
M. Terrenq, obituaire	la consorse de Muret.
	M. Laviguerie, obituaire.
M. Jouve, prêtre de Saint-Germier. .	Dames Reynetes de Lombez.
	le curé de Villeneuve-Lécussan (D. de Com.)
M. Peyrusse, obituaire.	M. Alexandre, obituaire.
	le curé de Goute-Vernisse.
M. Semblancat, obituaire	

L'abbé de Malafosse, chanoine et obituaire. {le curé de Baignères-de-Luchon (Comenge).
{le curé de Malevezie (diocèse de Comenge).

M. Terres, obituaire. . . . . . .
M. Laffont, curé de Saint-Pierre. . . .
Le curé de Labastidette. . . . . .
M. Boé, curé de Saint-Amans. . . . .
M. Lupiac, curé de Saint-Cassien. . . .
M. Bégué, curé de Fonteuilles. . . . .
M. Poe, prêtre à Saint-Illaire. . . . .
M. Carriére, prêtre à Frousin. . . . . M. Bourret, obituaire.
Le curé de Saint-Germier. . . . . .
M. Delpech, curé d'Ennes. . . . . {la communauté d'Ennes.
{le curé de Bagiri (diocèse de Comenge).
M. Betrin, prêtre . . . .
M. Querci, prêtre à la Combe. . . . .
M. Martin, obituaire, procureur de . . {M. Roméne.
{le scolier de Montastruc (Comenge).
M. Pons, prêtre à Saubens. . . . . .
M. Baradoux, prêtre à Villate. . . . .
M. Guy, prêtre à Pins. . . . . . .
M. Cornus, prêtre, député. . . . . {le curé de Saint-Solan.
{le curé de Noillan.
Le curé de Frousin. . . . . . .
M. Cornus, curé de la ville de Muret . {Dames Salenques.
{le curé de Roques.
M. Boé, curé du Fauga (M. Astre, son proc.) le curé de Saviguac.
M. Garlene, prêtre à Roques. . . . .
M. Simon, curé de Saubens. . . . . le curé d'Aventiguan.
M. Beziat, prêtre à Lavernoze. . . . .

DIOCÈSE D'AUCH

Le curé de Boissède. . . . . . . {le curé de Pellefigues.
{le curé de Savaillan.

DIOCÈSE DE TARBES

L'archiprêtre de Cieutat. . . . . . {le curé de Chein-Dessus.
{le curé de Mauvezin.
Le curé de Caver . . . . {le curé d'Avezac.
{le curé de Gourpes.
Le curé de Lutillous. . . . . . . {le curé de Begole.
{le curé de Pinet.

DIOCÈSE DE RIEUX

Le procureur des dames de Longages . .
L'abbé des Feuillans. . . . . . . {l'archidiacre Daure.
{le curé de Labroquère.
Le syndic des Feuillans. . . . . . {le curé de Pesques.
{le curé de Labastide.
Le curé du Pui du Touch. . . . . . le curé de Montastruc (dioc. de Lombez).
Le curé de Monbrun. . . . .
Le curé de Sanas . . . . le curé de Saint-Cizi.
Le curé de Martres. . . . . . . {le curé de Couts.
{le curé de Moutels.

7

M. Saint-Blancart, prêtre de Martres. . .	le curé de Lescuns. le curé de la Masquère.
Le curé de Saint-Cristau	le curé de Monberaut. le curé de Mongailhard-de-Salies (Comenge).

Notes du Catalogue. — I. Clergé

(A). Nous aurions dû ajouter à nos observations, p. 65, que l'évêque de Comminges était seigneur de Saint-Bertrand. Il partageait seulement ses droits avec le chapitre cathédral qui avait seul la directe et les censives de ladite cité. Dans tous les cas, les comtes de Comminges n'avaient aucune autorité dans la ville. « Comme celle-ci s'était reformée au pied de l'église et du cloître, sous la protection et par l'influence de l'évêque et du chapitre, elle ne reconnut pas d'autres seigneurs. Mais lorsque la vie municipale eut pris un développement plus large, la commune lutta souvent contre le pouvoir ecclésiastique, et, entre autres épisodes, le droit d'élire les consuls fut très-rudement disputé. » — Ernest Roschach, *Foix et Comminges*, p. 276.

(B). Aux termes de l'ordonnance du sénéchal de Comminges, du 21 mars 1789, § 1, les corps et communautés des deux sexes devaient être convoqués. Mais les congrégations de femmes se faisaient toujours représenter, en pareil cas, par procuration.

Il suffisait d'ailleurs d'avoir une rente ecclésiastique, un bénéfice quelconque dans le Comminges, le Couserans ou le Nébouzan pour être appelé aux Etats.

(C). Le chanoine précenteur était revêtu de la dignité de grand chantre du chapitre.

(D). On appelait *prébendé* ou *prébendier* celui qui percevait certains revenus dans les églises cathédrales ou collégiales.

(E). On désignait sous le nom de *scolanie* (*escolania*, selon l'orthographe de M. l'abbé Pomian), une fondation ecclésiastique propre à quelques églises collégiales et dont les titulaires étaient les *scoliers*. Le chapitre de Saint-Gaudens en possédait douze.

(F). Le nom primitif d'Estadens était *Stadienno*.

(G). Un *obituaire* était un ecclésiastique pourvu d'un bénéfice *per obitum*, c'est-à-dire par le décès du précédent titulaire. Quant à l'*obit*, c'était le service fondé pour le repos d'une âme et qui devait être célébré à certains jours marqués.

II

NOBLESSE

Nous répétons ici que nous ne garantissons pas l'orthographe des noms propres ni la position de la particule avant ou après le nom patronymique.

PRÉSENTS	REPRÉSENTÉS PAR PROCURATION (A)
MM.	MM.
D'Arcisas, colonel d'infanterie. . . .	de Marin, seigneur de Monbel. de Marin, ancien mousquetaire.
Davizard, chevalier de Saint-Louis. . .	le baron de Malvezie. le comte de Cardeilhac de Lonné.
D'Ardiége.	Dupac de Fronsac. Despouy Dardiége.

De Barrau, baron de Montagut . . . . (le baron de Saint-Pastou
(le comte d'Astorg.
(le marquis de Sarlabous.

Le vicomte de Barége. . . . . . (de Saint-Blanquat de Martin de Ville.
(de Castet, chevalier baron de Roquebrune.

De Bourret . . . . (de Cucsac, seigneur de Sabailhan.
(de Miramont, capitaine de dragons.

De Binos, baron du Coing. . . . . (de Belloc.
(la comtesse de Beaumont (n).

De Binos, seigneur de Guran. . . . (Delbœuf, chevalier de Saint-Louis.
(de Bachos, seigneur dudit lieu.

De Bugat. . . . .

De Celés, comte de Marsac. . . . . (Danceau, baron de Tersac.
(de Lassus, seigneur directe de Monrejeau.

De Bourret, seigneur de Lacave. . . (Domezon, seigneur de Savignac.
(Reynal, seigneur de Montamat.

De Comenge, baron de Saint-Lari . . .

Le commandeur de Comenge, colonel d'inf. (la marquise de Pins.
(le marquis de Comenge de Lastrouques.

De Capelle, seigneur d'Ox. . . . . .

De Capelle, écuyer. . . . . Madame de Calvet.

De Cazessus. . . . .

Demont, seigneur et baron de Benque.

Le vicomte d'Erce . . . . de Fondeville, vicomte de Labatut.

Dupont, ancien capitaine du rég. d'Aquitaine. de Carsalade, seigneur d'Aguin.

Le chevalier d'Erce. . . . . . . (la vicomtesse d'Alos.
(de Mallet, marquis de Castelbajac.

Duffas de Vignaux . . . . de Berné, baron d'Uzès.

Dupac de Labastide, seigneur de Rieucazé. Madame de Binos.

Alexandre Dupac de Labastide. . . . . Madame d'Abadie de Coret.

Dispan. lieutenant des maréchaux de France. (de Floran, seigneur dudit lieu.
(de Gestas, seigneur de Monmorin.

Le chevalier Despoui . . . . M. Despoui, son frère.

Dencausse de Labatut, seigneur de Benques.

Doujat, seigneur et baron d'Empeaux. . Madame Doujat, sa mère.

Le comte d'Espie . . . . (le marquis Dossun.
(la marquise de Lordat.

De Feraut Descuns, officier, seig. dudit lieu. de Hunaud, chevalier, seigneur de Larrouzet.

Le marquis de Fontenilles. . . . . (la comtesse de Montmorenci.
(le comte de Fontenilles.

De Faudouas de Balanzan, seign. de Salerm. Dargelez, ancien major d'infanterie.

De Faudouas, officier . . . . . .

De Flurian, garde du corps du roi . . .

De Varés, baron du Fauga. . . . . . le président de Belloc.

Dugabé, seigneur de Touille. . . . . (la marquise de Cazaux-Larcan, baronne de
) Pointis.
(Madame de St-Jean, baronne de Taurignau.

De Sers-Gensac, baron dudit lieu. . . (de Sers, seigneur d'Aulus.
(le baron de Meritens.

De Gaulejac, seigneur de Mirambel. . . (le marquis de Castelbajac.
(la baronne d'Aulou.

Degrandis. . . . .

De Gailhard, seigneur, baron de Fronsin . (Madame de Marin.
(M. de Mongazin.

De Juillac, capitaine de cavalerie. . . (le chevalier de Juillac, son frère.
(le comte de Villeneuve.

De Mengaud, baron de la Haye . . .	le comte Dasson.
	de Verdelin, seigneur d'Avantignan.
De Jouve.	
De Latour.	le comte de Valance, seigneur de Boussan.
	de Boussac, seigneur de Franqueville.
De Lalenne, chevalier de Saint-Louis .	. de Lacarry, chevalier de Saint-Louis.
Le comte de Lamezan.	de Lamothe, seigneur de Riculas.
	de Saint-Orens, seigneur de Frontignan.
Le chevalier de Lamarque-Marquas . .	. M. son frère.
Le baron de Lapasse	de Gaujac, seigneur dudit lieu.
	de Clermont d'Auriac, seigneur dudit lieu.
De la Rey, seigneur de Sarrecave. . .	
De Lapasse Lomagne	de Courdurier, seigneur de Monbrun.
	de Lapasse, son père.
De Lapasse, seigneur de Lapasse. . .	Descat de Montaut.
	Despinace de Gouzens.
Le marquis d'Espinasse	
De Laforgue, baron de Lodes. . . .	
Le baron de Lesage, seigneur du Pin .	de Bon, seigneur de Savignac.
	Duperron de Lasplagnes.
Le marquis de Latour Landorthe. . .	. le marquis de Luscan, père.
De Laffite.	. de Laffite, son père.
De Labarthe.	le comte de Polastron de Brax.
	la marquise de Puilarroque.
De Mailholas de Suquis.	Mademoiselle de Prohenques.
	le duc d'Esclignac.
De Lartigue, seigneur de Monbernat. .	. de Lartigue de Gouyates.
De Malvin, seigneur de Lanigan . .	
De Barran, chevalier de Montagut, chevalier de l'ordre royal et militaire de St-Louis.	le comte de Chapui, seigneur du Bezeril.
Ignace de Martres, écuyer.	de Sarrecave, seigneur directe de Coueilles.
	de Martres, seigneur de Beaulieu.
Le chevalier de Martres.	
Le chevalier de Massoc.	. Madame de Bugat, seigneuresse de Lacasse.
De Montpezat, seigneur de Ninigan .	le baron de Sainte-Gême.
	Madame de Francazal.
Le chevalier de Montpezat. . . .	. de Péguilhan, seigneur de Nizan.
Le vicomte de Noé, maréchal des camps et armées du roi.	le marquis de Noé, son frère.
D'Olivier, cadet, écuyer.	le baron de Gachedat.
	de Larrey, seigneur de Sarrecave.
D'Olivier, ainé	de Malet, seigneur de Sédeilhac.
	Mlle de Ribes, seigneuresse de Sédeilhac.
De Saint-Jean, comte de Pointis. . .	de Binos, baron d'Encausse.
	le baron de Pointis, vicomte de Couserans.
Le comte de Panetié, baron de Montastruc.	le comte de Vendomois.
	de Saint-Jean de Pointis, prêtre.
Le comte de Vernon, maréchal des camps et armées du roi.	le marquis de Mongailhard.
	de Goutaud Biron, marquis de St-Blancard.
Le baron de Poucharramet.	la marquise de Clermont.
	de Pratviel, seigneur d'Amades.
De Pagnon, chevalier de Saint-Louis .	
Baron de Penne, seigneur de Marsas. .	
De Rabaudy, chevalier baron du Tillet.	. de Vic, seigneur de Rachas.
De Resseguier	
De Roquemaurel, de Saleix.	le baron de Monbraud.
	Mlle de Garo, seigneuresse de Prat.

De Roquemaurel, fils.. . . . . . . (de Roquemaurel, son père.
Madame de Sers de Cambon.

De Grenier d'Esplax. . . . . (de Sarrades, seigneur de Marsoulas.
d'Eymar, seigneur de Palomini.

De Saint-Blancat de Saint-Victor, chevalier Mademoiselle de Saint-Victor, sa sœur.
de Saint-Louis. . . . .

Le baron de Sarrieu, seigneur de Martres. (le comte de Luscan.
de Corel, cosseigneur de Labarthe-Inard.

Le marquis de Sarrieu, fils. . . . . . (Mme Despagne, seigneuresse de Cassaigne.
Mme de la Fue, seigneuresse de Marignac.

De Suère, ancien capitaine d'infanterie. (de Suère de Lafite, seigneur du Plan.
d'Encausse, seigneur de Ganties.

Le baron de Sacére, colonel des dragons, Mademoiselle d'Espague de Seglan.
seigneur d'Escauecrabe . . . . .

De Vaysse de Saint-Illaire. . . . . . . de Vaysse, son père.

De Souville, seigneur de Villeneuve. . . le baron de Puimaurin.

De Sarrieu de Gence . . . . (Bayon de Libertat.
(de Roquemaurel, seign. de Tauriguan-Vieux.

De Trebons, sieur de la Busquière. . . (de Juilliac Montagut.
(Bruneau de Beaudéan, seigneur de Lagarde.

De Seysses de Rautin . . . .

Le vicomte Dustou de Saint-Michel, chevalier
de Saint-Louis. . . . .

Le baron d'Ustou de Morlou, seigneur de (de Polastron La Hillère.

Lestelle. . . . . (de Cambon, premier président du Parlement.

De Sède, baron de Lieux . . . . . .

Darros, officier. . . . . (de Restes d'Orbessan, capitaine d'infanterie.
(le comte de Latour, seigneur de Noaillan.

Daraignou, seigneur de Mauzac. . . (de Binos.
(Mlle Danceau de Lavelanet de St-Cizi.

Le comte de Rouffiac de Verliac. . . . Madame sa mère.

De Sirgan . . . .

De Lanes. . . . . Madame Castex.

Le baron de Saillas, seigneur de Garravet. (Lamancie de Clérac.
(de Colomés, seigneur de Gensac.

Irenne de La Lanne. . . . . le comte de Sabran.

Legardeur de Moncla . . . . le baron de Penne.

De Suère de Lasserre . . . .

Suère Lassalle . . . . Grenier de Gourgues, seig. de Mongailhard.

Suère de Larroque. . . . .

De Grenier de la Plan . . . .

De Binos Dujardin . . . .

Dutrain de Verdigné . . . .

Notes du Catalogue. — II. NOBLESSE

(A). Suivant le § 3 de l'ordonnance du marquis d'Espagne, les nobles non possesseurs de fiefs devaient être convoqués comme les autres s'ils réunissaient les conditions suivantes : noblesse acquise et transmissible, vingt-cinq ans d'âge, origine française ou naturalisation obtenue, et domicile dans le comté. Seulement, ceux-là étaient tenus de se rendre en personne et ils ne pouvaient pas donner des procurations.

En outre, nous avons dit ailleurs que nous n'avions pu retrouver les exploits de convocation ; c'est pourquoi nous n'entendons pas donner le catalogue complet de la noblesse des trois Etats, mais seulement la liste des présents et des représentés.

(B). Quoique l'ordonnance précitée ne portât pas, pour la noblesse comme pour le clergé, qu'elle s'appliquait « à l'un et à l'autre sexe, » le droit de vote aux États étant attaché à la seule possession d'un bien noble, suivant la règle féodale : *la terre fait la noblesse*, tout possesseur de fief fut convoqué. Dans la plupart des provinces, en effet, ainsi que l'avait prescrit notamment l'édit de 1702 pour le Cambrésis et l'Artois, il suffisait de détenir une terre noble pour être appelé à siéger aux États du pays. Mais les dames, douairières ou autres, se faisaient toujours représenter par un noble nanti de leur procuration authentique.

III

TIERS-ÉTAT

CHATELLENIE DE MURET

NOMS DES VILLES, BOURGS ET COMMUNAUTÉS	NOMS DE LEURS DÉPUTÉS
Muret.	M. Desclaux père, Me en chirurgie. M. Cluzet, chef de fabrique. M. Sevène, négociant. M. Moussinat.
Mauzac	M. Serres, négociant. Pomés, ménager.
Saint-Amans	le sieur Delait, bourgeois. Metje, ménager.
Saubens	M. Monjuif, arpenteur géometre. le sieur Lavergne, ménager.
Roques	Lassalette, marchand. Saffore, trafiquant.
Fronzins.	Pujol, trafiquant. Lafforgue, charpentier.
Lannes	le sieur Larrouil, ménager.
Fontenilles	Mouchet, chirurgien. Bédeille, charron.
Labastidette	le sieur Galtier, bourgeois. Gleizes, brassier.
Poucharramet	M. Ad, chirurgien. M. Saby, négociant.
Lespérez.	Cavre, laboureur.
Pins.	M. Desclaux, médecin. M. Duclos, notaire.
Roquettes.	le sieur Bru, maçon. le sieur Lassalette, brassier.
Saint-Jean de Poucharramet.	Jean Penent, ménager.
Labastide Feuillans	M. Despaignol, avocat au Parlement, juge. M. Lavaur, notaire royal.
Le Bois de la Pierre.	le sieur Corbière, négociant. le sieur Gaudens, négociant.
Lacasse	le sieur Bajon, bourgeois. le sieur Darexy, marchand.
Saluguede.	le sieur Anglade, bourgeois. le sieur Lavigne, ménager.

Lavernoze.	(le sieur Gaillardie, négociant.
	(le sieur Camparies, menuisier.
Saint-Alary.	(le sieur Delpech, négociant.
	(le sieur Verdier, bourgeois.
Villeneuvette.	(M. Juffe, avocat au Parl., juge dudit lieu.
	(le sieur Bayonne cadet, négociant.
Le Fauga.	(Félix Cazaux, négociant.
	(François Bonnet, cadet, ménager.

CHATELLENIE DE SAMATAN

Samatan.	(M. Albertin, avocat.
	(M. Guillon de Lamothe, procureur du roy.
	(M. Serres, notaire.
	(M. Escoubas, bourgeois.
Spaon.	(Cazeneuve, laboureur,
	(Olé, laboureur.
Garravet.	(Courbion, laboureur.
	(Lairle, marchand.
Montadet.	(Talazac, laboureur.
	(Lannes, laboureur.
Mourans.	(Beyria, laboureur.
	(Castillon, tisserant.
Puylaurie.	(Marscillan, ménager.
	(Baulie, laboureur.
Lombez.	(M. Lairle, avocat.
	(M. Azema, bourgeois.
	(M. Nicolas, bourgeois.
	(M. Bécanne, bourgeois.
Noilhan.	(M. Laffite, bourgeois.
	(Fourcade, laboureur.
Labastide-Savés.	(M. Brocas, avocat.
	(M. Faure, bourgeois.
Pompiac.	(M. Linhac, avocat.
	(M. Rocolle, bourgeois.
Seysses-Savés.	(M. Villeneuve, avocat.
	(le sieur Couget, ménager.
Peyrigué.	(le sieur Magenties, bourgeois.
	(le sieur Daulezac, bourgeois.
Lagarde-Savés.	. Boyé, laboureur.
Saint-Thomas.	(M. Bessaiguet, avocat.
	(M. d'Ardenne, bourgeois.
Empeaux.	(M. Despax, bourgeois.
	(M. Sacareau, arpenteur.
Bragairac.	(le sieur Saint-Denis, aubergiste.
	(Crabifosse, laboureur.
Sabonnères.	(le sieur Bayonne, ménager.
	(Lamarque, trafiquant.
Mongras.	(Trilhe, laboureur.
	(Grimace, laboureur.
Savignac-Monna.	(le sieur Lasgues, ménager.
	(Severac, laboureur.
Lailhère.	(Loubens, trafiquant.
	(Darcie, trafiquant.

Monblanc.	le sieur Molard, plâtrier, le sieur Dautton, ménager.
Pébées	le sieur Pierre Péré, négociant. le sieur Alegran, commerçant.
Lahage.	. M. Dardenne, bourgeois.
Amades	le sieur Becanne, ménager. le sieur Faure, ménager.
Saint-Loube	M. Conte, notaire. Bruilh, tailleur d'habits.
Laymont	M. Troy, avocat. M. Soulé, avocat.
Montégut-Savès.	M. Lairle, bourgeois. Dulherm, laboureur.
Saubimont	le sieur Cazabonne, bourgeois. le sieur Cazabonne, ménager.
Planté	le sieur Bourdet, ménager. le sieur Sansas, ménager.
Monpezat.	. Bousin, maçon.
Gensac-Savès	le sieur Larrieu, ménager. Labatut, tisseran.
Goudex	Arexy, tonnelier. Declech, laboureur.
Senarens.	le sieur Coreste, ménager. Olzié, laboureur.
Saint-Araille	. M. Autefage, bourgeois.
Montastruc	Fontan, ménager. Londres, laboureur.
Pin.	M. Darrieux, médecin. le sieur Labatut, négociant.
Goux.	. M. Bonnemaison, bourgeois.
Moues	Laforgue, ménager. Ad, charpentier.
Plaignolle.	. M. Courties, avocat.
Lantignac.	le sieur Sarrau Duperget, bourgeois. le sieur Bonnemaison, bourgeois.
Savère	le sieur Descadeillas, greffier. le sieur Fajeau, ménager.
Puy de Touges.	le sieur Dario, arpenteur juré. M. Daubert, bourgeois.
Casties	le sieur Rigolème, trafiquant. Blancat, laboureur.
Castelnau.	Cassaigne, laboureur. Segur, laboureur.
Fustignac.	le sieur Ruffat, ménager. le sieur Lécussan, bourgeois.

CHATELLENIE DE L'ISLE-EN-DODON

L'Isle-en-Dodon.	M. Roger, juge royal. M. Malbois de Lapeyrade, médecin. M. Caton, bourgeois. M. Fournié.
Polastron.	M. Parrieu. M. Carrère.
Labastide-Pomès. . . .	M. Pagan. M. Lesbax.

Rieulas	. M. Magre.
Castelgaillard	. M. Pagan, procureur du Roy.
Ambax Lamezan. . . .	{M. Lajoux. M. Laffont.
Mauvezin.	M. Jean Tournan. M. Jean Tournan.
Frontignan.	M. Duffaut. M. Labatut.
Martisserre.	M. Capdeville. M. Dufor.
Mirambeau.	M. Ducasse. M. Malet.
Agassac	. M. Barez de Belloc.
Coueilles.	M. Talazac. M. Ferrié.
Salerm	. M. Tajan.
Lilhac	. M. Dutrein Lacomère.
Figas.	M. Beil. M. Larrieu.
Monbernard.	M. Brocas. M. Soulé.
Barran	. M. Adoue.
Lagarde-de-Lisle. . . .	M. Frédéric. M. Caussade.
Mondilhan.	M. Benac. M. Trenqué.
Péguilhan.	M. Broca. M. Bop.
Lunax.	M. Bousdache. M. Laporte.
Saint-Laurens-de-Lisle. . .	M. Dupuy. M. Lafforgue.
Anan.	M. Passerieu, bourgeois. M. Germain Darie.
Boissède	M. Lasseiniesse. M. Cassasoles.
Ninigan	M. Broquère. M. Canneguillan.
Saint-Ferréol	M. Déqué. M. Ducerp.
Guittaud	M. Pattaties. M. Monties.
Montesquieu	M. Ferran. M. Sanarens.
Puymaurin.	M. Marrast. M. Soussens. M. Charlas.
Sauvetterre.	M. Caussade. M. Latapie.
Tournan	M. Duffor. M. Autefage.
Sabailhan.	M. Latapie. M. Lacoste.
Pellefigue.	M. Duffréchou. M. Saint-Sancat.

Auriebat	{ M. Cassan. M. Bégué.
Gaujac	{ M. Loubon. M. Duffaut.
Montamat	{ M. Dupuy. M. Lassave.
Larrouquau	{ M. Durban. M. Touzan.
Saint-Soulan	{ M. Verdié, M. Sajas.
Le Dézéril	M. Dupés.
Villeneuve-de-Samatan	M. Mendouze.

CHATELLENIE DE SAINT-JULIEN

Saint-Julien	{ le sieur Delballe, bourgeois. le sieur Auguères, ménager. le sieur Cazabon, ménager. le sieur Duclos, ménager.
Saint-Cizy	le sieur Duclos, ménager.
Gensac-Saint-Julien	{ le sieur Muguet, ménager. le sieur Bibés, ménager.
Saint-Christaud	{ M. Mailhac, avocat. le sieur Feuillérac, ménager.
Le Plan	{ M. Mouran, avocat. le sieur Coutemeau, négociant.
Tersac	{ Lacourt, ménager. le sieur Laffage, ménager.
Monberaut	{ le sieur Rivière, arpenteur. le sieur Couzinet, négociant.
Laffitte	le sieur Jean Faur, ménager.
Laffitaire	{ le sieur Faget, chirurgien. le sieur Descuns, ménager.
Monbrun	{ M. Miramont, notaire royal. M. Ferrié, avocat. M. Couteureau, chirurgien. le sieur Delage, bourgeois.
Mérigon	le sieur Pons, ménager.
Gouzens	{ le sieur Ribaute, bourgeois. le sieur André Danès, ménager.
Gouttevernisse	{ le sieur Damiés, ménager. le sieur Couzinet, ménager.

CHATELLENIE D'AURIGNAC

Aurignac	{ M. Decamps, juge royal. M. Dastugue, docteur en médecine. M. Majeau, avocat. M. Ducos, avocat.
Saint-Martory	{ M. Lacombe, avocat. le sieur François Bonnemaison, négociant.
Mancioux	le sieur Vincent Lasmartres.
Esquiedaze ou Terrebasse	{ M. Jean-François Dardignac, Dr en médecine. M. Claverie, avocat en Parlement. le sieur Jean Singes, ménager.

Saint-Marcet	(le sieur Bertrand Decaux, ménager. (le sieur Jean-Baptiste Dedieu, ménager.
Ciadous	(le sieur Jean-Joseph Bavile, ménager. (le sieur Bernard Ané, ménager.
Auzas	. le sieur Germain Lacombe, bourgeois.
Landorthe	(le sieur Jean Perbost, bourgeois. (le sieur Rinaud, bourgeois.
Lioux	(Jean Gouzil, laboureur. (Gaudens Saux, laboureur.
Bauchalot	(M. Jean-François Faussat, Me en chirurgie. (le sieur Janvier Duran, bourgeois.
Estancarbon	(Raymond Dupuy, ménager. (Pierre Porun, ménager.
Savarthés	(M. Jean-Pierre Germain, avocat. (Pierre Loubet, laboureur.
Marignac	(le sieur Jacques Daignas, fabrt. de fayence. (Raymond Pons, idem.
Bachas	(M. Senge, docteur médecin. (Dominique Bonnemaison, ménager.
Lescuns	(Baptiste Sensèbe, ménager. (Gabriel Passan, ménager.
Castillon	(M. Pierre Lastrade, prêtre. (M. Jean-Joseph Audibert, avocat.
Eux	(le sieur Pierre Dario, bourgeois. (Emmanuel d'Anriac, boulanger.
Peyrissas	(le sieur Bernard Cabestaing, bourgeois. (Guilhaume Bonnemaison, ménager.
Tournas	(le sieur Dominique Ritouret, ménager. (Bernard Saux, ménager.
Latou	(Jean Roué, marchand. (Jean Saux, laboureur.
Martignas	(Etienne Dader, ménager. (Paul Lafforgue, ménager.
Mondavezan	(Paul Tachoires, ménager. (Jean-Bertrand Abadie, ménager.
Saint-Médard	(Jean Pignon, laboureur. (Barthélemy Montamat, laboureur.
Francon	(Alexis Desbarats, arpenteur. (Vidian Loumagne, ménager.
Sana	. Bernard Tachoires, ménager.
Larcan	(François Baqué, laboureur. (Jean Toulouse, laboureur.
Lestelle	(M. Delhom, notaire. (le sieur Courties, ménager.
Martres	(le sieur Jean Bellecourt, bourgeois. (le sieur Vidian Lierre, négociant.
Boussens	(M. Antoine Camparan, docteur médecin. (le sieur Vidian André Carrère, négociant.
Bouzin	(Jean Saboulard, ménager. (Jean Chartel, ménager.
Propiary	. M. Lacombe, avocat.
Montespillard	(Capdau. (Paillac.
Charlas	(Terrade. (Rimaillo.

Saman	.	.	.	.	.	⎧Lacroix. ⎨Bordes.
Benque	.	.	.	.	.	⎧Bonnefont. ⎨Savés.
Samouillan.	.	.	.	.	.	⎧Izard. ⎨Anglade.
Montoulieu.	.	.	.	.	.	⎧Billières. ⎨Fitte.
Bonssan	.	.	.	.	.	⎧Garés. ⎨Soulé.
Lussan	.	.	.	.	.	⎧Dulac, bourgeois. ⎨Dangla Laplane, bourgeois.
Saint-André.	.	.	.	.	.	⎧Beyt. ⎨Dulac.
Esparron.	.	.	.	.	.	⎧Lasserre. ⎨Castex.
Deilhac	.	.	.	.	.	. Davezac.
Vignolles.	.	.	.	.	.	. Larrieu.
Saint-Lary d'Aurignac.	.	.	.	.	.	⎧Manos. ⎨Cier.
Montoussin.	.	.	.	.	.	⎧Lécussan. ⎨Terré.
Tillet.	.	.	.	.	.	. Lécussan.
Cardeillac.	.	.	.	.	.	⎧Lavuat. ⎨Cier.
Gensac d'Aurignac	.	.	.	.	.	. Molis.
Saint-Loup.	.	.	.	.	.	. Barbe.
Petite Fitau	.	.	.	.	.	. Frechengues.
Lalouret	.	.	.	.	.	⎧Souque. ⎨Frechengues.
Saint-Ignan.	.	.	.	.	.	⎧M. Dupuy. ⎨Cazaux.
Guittet	.	.	.	.	.	. Clouzet.
Montégut.	.	.	.	.	.	⎧Gittard, fabriquant. ⎨Cercau.
Castéra	.	.	.	.	.	. M. Larrieu.
Escanecrabe.	.	.	.	.	.	⎧M. Delisle. ⎨Lapeyrin.

CHATELLENIE DE SALIES

Salies.	.	.	.	.	.	⎧M. Rouéde, avocat. ⎨M. Pelleport, entreposeur. ⎩M. Compans, négociant.
Cassagne.	.	.	.	.	.	⎧M. Dufour, bourgeois. ⎨M. Lasmartres, négociant, cadet.
Souech	.	.	.	.	.	⎧M. Saint-Aubin, Me en chirurgie. ⎨M. Arjo, négociant.
Couret	.	.	.	.	.	. Laurens Bassat, ménager.
Roquefort.	.	.	.	.	.	⎧M. Dupeyron, notaire royal. ⎨M. Lasmartres, négociant, ainé.
Marsoulas.	.	.	.	.	.	⎧M. Garrié, négociant. ⎨M. Garrié, ménager.
Bethéze	.	.	.	.	.	⎧M. Montégut, négociant. ⎨M. Rozés, ménager.

Ausscin	. M. Extrade, négociant.
Moncla	(M. Garrié, ménager.
	(M. Dufour, ménager.
Betsach	(M. Fournié, bourgeois.
	(M. Durègne, praticien.
Touille.	. M. Bordes, tapissier.
Mane.	(M. Pujol, ménager.
	(M. Duran, tourneur;
Mongaillard.	(M. Compans, négociant.
	(M. Duclos, ménager.
Castagnède.	. M. Pujol, négociant.
Figarol	(M. Daussein, ménager.
	(M. Excat, ménager.

CHATELLENIE D'ASPET

Aspet.	(M. Ribet de Couret, juge.
	(M. Latour, docteur médecin.
	(M. Caylat, avocat.
	(M. Ribet, bourgeois.
Portet.	. Couzerans (absent).
Montastruc.	(Jean Feuillerat, laboureur.
	(Jean Bataille, laboureur.
	(Pierre Duchein (absent).
Arbas.	(M. Escaig, notaire.
	(le sieur Germain Ribet, négociant.
Fougaroun.	(Germain Pradère, laboureur.
	(Marc Ribet, laboureur.
Chen-Dessus	(Blaise Irle, laboureur.
	(Pierre Bataille, laboureur.
Estaden	(le sieur Jean-Martin Martiés, bourgeois.
	(Gratien, Gimet, ménager.
Escaig.	. Jean Milhas, laboureur.
Labarthe-Inard.	(le sieur François Pechecoup, bourgeois.
	(Jacques Lafuitre, ménager.
Rouéde	(Jean-Jacques Tarride, ménager.
	(Nicolas Tarride, laboureur.
Ganties	(Michel Duchein, ménager.
	(le sieur Duchein, laboureur.
Pointis-Inard	(M. Cazaux, avocat et notaire.
	. (le sieur Pierre Cazes, bourgeois.
	(le sieur Michel Cardeillac, marchand.
Montespan.	(le sieur Jean-Pierre Duran, Me chirurgien.
	(le sieur Bertrand Duran, commerçant.
Villeneuve-de-Rivière. . . .	(le sieur Sernin Martin, négociant.
	(M. Faduilhe, notaire.
	(le sieur Jean-Joseph Lafforgue, négociant
	(le sieur Jean-Pierre Couat, négociant.
Ausson	(Louis Pujo, menuisier.
	(Jean Lasserre, bourgeois.
Mazéres	(Jean Grangé, géomètre.
	(François Pointis, ménager.
Lécussan.	. François Arie, laboureur.
Villeneuve-de-Lécussan. . . .	. Jean-Joseph Ibos, bourgeois.
Cazaril.	. Jean Castel, bourgeois.

Saint-Laurent	Sieur Dominique Marc, seigneur d'Anéres. Gabriel Fontan Marc.
Cucuron	Pierre-Antoine Vignolles, bourgeois.
Bordéres	
Aventignan.	Jean-Bernard Castéran, bourgeois. Jean-Pierre Martres, laboureur.
Clarac.	Jean Despouy, laboureur.
Encausse.	
Regades	Bertrand Soulé, ménager.
Payssous.	le sieur Jean-François Duran, marchand. le sieur Jacques Dencausse, marchand.
Cardeilhac.	
Saint-Loup.	Jean Barc, laboureur.
Campistrous. . . .	Jean Lahaille, laboureur. Louis Loudet, laboureur.
Héches	le sieur François Larroque, Me apothicaire. le sieur Jean-Louis Aussun, marchand.
Sedeillac	Jammes Saux, laboureur.
Gincet et Veyrede. . . .	
Salech	Jean Sauné, laboureur. Raymond Barthe, laboureur.
Ahis	Jean Boé, bourgeois. Paul Souqué, laboureur.
Castelviague. . . .	le sieur Jacques Compans, bourgeois. le sieur Raymond Escaig, bourgeois.
Lescure	
Ricucazé	le sieur Augustin Darbon, commerçant.
Cabanac	Jean-Bertrand Barrère, laboureur. Bertrand Maubé, charpentier.
Juzet d'Izaut. . . .	le sieur Jean-François Caze, arquebusier. Simon Couret, laboureur.

CHATELLENIE DE FRONSAC
et Aides d'icelle (A)

Fronsac	Bertrand Cazaux. Bertrand Verdier.
Bourg.	Félix Cargue. Jean Fasète.
Cirès	Dominique Fourtané. Jean Mouniq.
Caubous	Bertrand Perrot. Laurens de Laurens.
Mareigne. . . .	Thomas Lassale. Bertrand Laurens.
Saint-Pol. . . .	Louis Sapine. Noël Courrote.
Benqué-Dessus. . . .	M. Pefort. Jean Mounete.
Sacourvielle. . . .	Jean Toulouire. Pierre Lajoux.
Bagnéres. . . .	le sieur Cazat. le sieur Lafont. le sieur Sacarrère. le sieur Colomic.

Saint-Mamet.	le sieur Sacarrère.
	le sieur Verdot.
Montauban.	Urbain Ladrix.
	Jean-Pierre Carravan.
Juzet.	le sieur Colomic.
	le sieur Larrieu.
Sode.	Jean Bié.
Artigue	Estienne Oustau.
Moustajon. , . . .	Jean-Pierre Mathieu.
Antignac.	Jean Saint-Martin.
Sales.	Fabien Soulé.
Cier.	Thomas Dabos.
	Laurens Barrau.
Gouaux	Sébastien Carrau.
	Jean-Pierre Descazaux.
Baren.	Pascal Denard.
	Jean Mengarduque.
Cazaux.	Bernard Guiard.
Lege.	Simon Carrau.
Guran.	Jean Denard.
	Baptiste Foix.
Bachos.	Dominique Dencausse.
Binos.	Simon Guiard.
Signac.	Sébastin Seillan.
	Pey Verdalle.
Burgalaix.	Jean Cabarré.
Cierp.	le sieur Verdalle.
	Adrien Verdalle.
Gaud.	Gabriel Guiné.
	Jean Servat.
Marignac.	M. Spont, médecin.
	Jean Lagaillarde.
Fos.	le sieur Pierre Andrilhon.
	Jean Fimaut de Duffau.
	Marc Laffont.
Argut-Dessus	Marc Redonnet.
	Jean Cerciat.
Lez.	Guilhaume Gesse.
	Jean Soubrun.
Boutx.	le sieur Nogués Cabanous.
	Baptiste Redonnet.
Bezin.	Guillem Séré.
	Bertrand d'Aspet.
Garraux	Louis Dupuy.
	Bertrand d'Aspet.
Eup.	Dominique Salan Lalinot.
	Jean Auban.
Chaum.	François Salan.
	Baptiste Denard.
Frontignan.	Simon Compis.
	Jean Agasse.
Ore.	Bertrand Vignolle.
	Bertrand Duchen.
Gallié.	Pierre Abadie.
	Bertrand Den.

Mont . . . . Bertrand Abadie.
Lourde . . . . François Abadie.
Estenos . . . . André Mantion.
Bagiry . . . . Dominique Ferrère.
Antichan . . . . . . (le sieur Jean Ferrère, avocat.
                      Pierre Saint-Martin.
Genos . . . . . . (Jean Ferrère.
                      Mathieu Saint-Martin.
Malvezie . . . . Dominique Germain.
Moncaup . . . . Pierre Sabadie.
Arguenos . . . . Bertrand Pradère.
Cazaunous . . . . Guilhem Tapie.
Arboun . . . . Pierre Saint-Martin.
Izaut . . . . . . (le sieur Michel Tougne.
                    (le sieur Pierre Bernadis.
Lespitau . . . . le sieur Gaudens Duchen.
Bire . . . . . . (Clément Morère.
                    (Jean-François Seube.

PAYS ET VICOMTÉ DE NÉBOUSAN

Saint-Gaudens . . . . . (M. Mariande, avocat.
                    M. Montalègre, avocat.
                    M. Labat, avocat.
                    M. Pegot, négociant.
Miramont . . . . . (le sieur Courties, bourgeois.
                    le sieur Cassagne, négociant.
                    le sieur Lahore, négociant.

VIGUÈRIE DE MAUVAISIN (B)

Mauvaisin . . . . . (le sieur Pailhe, bourgeois.
                    le sieur Pailhe, laboureur.
Avezac . . . . . (M. Piqué, avocat.
                    le sieur Serres, laboureur.
Capvern . . . . . (le sieur Cieutat, laboureur.
                    le sieur Mariande, laboureur.
Lagrange . . . . . (le sieur Galan, laboureur.
                    le sieur Bientat, laboureur.
Begolle . . . . . (le sieur Duprat, laboureur.
                    le sieur Vidou, laboureur.
Tilhouse . . . . . (le sieur Rongé, laboureur.
                    le sieur Tajan, laboureur.
Lucthillous . . . . . (le sieur Portail, laboureur.
                    le sieur Bearn, laboureur.
Lasbordes . . . . . . Philippe Laporte.
Péré . . . . . (le sieur Laporte, bourgeois.
                    ((l'autre absent).
Gourgue . . . . . (le sieur Ducomps, laboureur.
                    le sieur Coste, laboureur.
Bourg . . . . . (M. Peyrigua, avocat.
                    le sieur Balaigna, laboureur.
Sastabom . . . . . (M. Lagleise, médecin.
                    le sieur Toujas, laboureur.
Benque . . . . . (le sieur Lagleise, négociant.
                    le sieur Cazenave, laboureur.

Paplère	le sieur Plantat, laboureur.
	le sieur Somproux, laboureur.
Espéche	le sieur Bernigolle, brassier.
	le sieur Soulé, laboureur.
Lomné	le sieur Duplan, laboureur.
	(*l'autre absent*).
Bulan	le sieur Barégne, laboureur.
	le sieur Compaignet, laboureur.
Asque	le sieur Labat, notaire.
	le sieur Peyrega, laboureur.
Marsas	le sieur Lamarque, laboureur.
	le sieur Debat, laboureur.
Frechendets	le sieur Dito, laboureur.
	(*l'autre absent*).
Espiel	le sieur Fourcade, laboureur.
	(*l'autre absent*).
Bittes	le sieur Pujo, chirurgien.
	le sieur Pichar, laboureur.
Castillon	le sieur Pujo, laboureur.
	le sieur Dourcade, laboureur.
Uzérs	le sieur Daurignac.
	le sieur d'Acasse.
Cieutat	le sieur Brau, négociant.
	le sieur Darré, bourgeois.
Poumarous	le sieur Soula, bourgeois.
	le sieur Sarrabayrouse, laboureur.
Chelle	le sieur Abadie, chirurgien.
Artigau	le sieur Bourdette, chirurgien.
	le sieur Cabarrou, laboureur.

CHATELLENIE DE CASSAGNABÈRE

Cassagnebère	Le sieur Dulom, bourgeois.
	Le sieur Ducos, chirurgien.
Lanemezan	M. Lagleise, avocat.
	M. Ferrou, avocat.
Pinas	le sieur Dasque, négociant.
	le sieur Nogué, négociant.
Peyrouzet	le sieur Fasueille, négociant.
	le sieur Admillat, bourgeois.
Tuzaguet	M. Barrère, avocat.
	le sieur Admillat, bourgeois.
Escalla	le sieur Lay, bourgeois.
	le sieur Paul, laboureur.
Aulon	M. Sarrautte, avocat.
	M. Abolin, avocat.
Saint-Elix	le sieur Soubirens, laboureur.
	le sieur Duclos, laboureur.
Seglan	le sieur Someilhan, brassier.
	le sieur Duclos, laboureur.
Ramefort	le sieur Lascommère, notaire.
	le sieur Clermon, laboureur.

CHATELLENIE DE SAINT-BLANCART

Saint-Blancart . . . . .
- M. Fages, avocat.
- le sieur Larrieu, chirurgien.
- le sieur Douéde, bourgeois.
- le sieur Bouve brassier.

Larroque. . . . . .
- le sieur Gascon, laboureur.
- le sieur Castet, laboureur.

Balesta . . . . le sieur Jean Estrampes.

Franquevieille . . . . .
- le sieur Saint-Paul, négociant.
- le sieur Latour, négociant.

Loudet . . . . le sieur Piquot.

Cueing . . . . . .
- le sieur Seilhan, négociant.
- le sieur Claverie, négociant.

Lodes. . . . . le sieur Duran, bourgeois.

Espagne . . . . le sieur Bascans, négociant.

Sarrascave. . . . . . . le sieur Jean Ders, négociant.

Moutmorin. . . . . . . le sieur Miso, laboureur.

Nizan. . . . . le sieur Alap, laboureur.

Blajan. . . . . .
- M. Dubois, avocat.
- M. Courties, avocat.

Sarramezan. . . . . . . M. Martin, avocat.

CHATELLENIE DE SAUVETERRE

Sauveterre. . . . . .
- M. Monthieu, avocat.
- M. Gran, bourgeois.

Labarthe . . . . .
- le sieur Faget, bourgeois.
- le sieur Espaignol, chirurgien.
- le sieur Diés, laboureur.
- le sieur Saint-Julien, négociant.

Ardiège . . . . . .
- le sieur Dulac, bourgeois.
- le sieur Lère, bourgeois.

Barbazan. . . . . .
- le sieur Touigne, bourgeois.
- le sieur Dulac, bourgeois.

Labroquère. . . . . .
- le sieur Bellan, bourgeois.
- le sieur Louret, bourgeois.

Gourdan . . . . . .
- le sieur Pujolle, bourgeois.
- le sieur Lay, bourgeois.

Notes du Catalogue. — III. Tiers-État.

(A). Les aides étaient en général les secours *(auxilia)* ou subsides que les sujets fournissaient ou payaient au roi pour soutenir les dépenses de la guerre et les autres charges de l'Etat.

A l'origine, cette dénomination s'appliquait spécialement à l'impôt sur le vin et sur les boissons ; dans la suite elle s'étendit à toutes les levées de deniers ordonnées par le roi.

On appelait aussi de ce nom, en matière féodale, des droits de diverse sorte que les fiefs dominants étaient autorisés à exiger de leurs vassaux en certains cas.

(B). Le château de Mauvezin, dans la viguerie de ce nom, et dont les ruines se dressent encore au milieu d'un site accidenté et pittoresque, fut, ainsi que l'indique son nom, *mauvais voisin*, la terreur de la contrée durant l'occupation anglaise, au quatorzième siècle.

Plus tard, pendant les guerres de religion, il servit aussi de place d'armes aux protestants et fut démantelé par ordre de Louis XIII.

Le château, bâti au douzième et au treizième siècles, fut restauré au quinzième par Gaston Phébus, qui en refit la porte sur laquelle on lit encore : PHEBUS ME FE. C'était une place forte où les vicomtes de Béarn et les comtes de Bigorre entretenaient un capitaine avec sa compagnie pour la défense de la frontière.

Non loin, dans un vallon sauvage, les religieux de Citaux avaient bâti, vers le milieu du treizième siècle, un monastère qui mérita, dit-on, d'être appelé l'Ecole de la vertu. Ce fut l'abbaye de l'Escaladieu ou de l'Eschelledieu, ainsi qu'on l'écrivait autrefois. Un grand nombre de pieux personnages y cherchèrent un asile. Saint Raymond, fondateur de l'ordre de Calatrava, en Espagne, y avait pris l'habit. Pétronille, comtesse de Bigorre, vint y attendre la fin d'une existence agitée, « après avoir eu cinq maris. » La chronique parle de son testament, où elle reconnut une dette de dix-huit sols pour une paire de souliers envoyés à la reine d'Angleterre.

On raconte que saint Bertrand, évêque de Comminges, se retira dans ce monastère, où il opéra plusieurs miracles qui contribuèrent à sa canonisation par le pape Alexandre III.

L'abbaye de l'Escaladieu fut le lieu ordinaire de la sépulture des comtes de Bigorre, comme celle de Bonnefont pour les comtes de Comminges. Détruite par les Huguenots au seizième siècle, elle fut en très-grande partie rebâtie au dix-septième.

DEUXIÈME APPENDICE

I

Note se référant à ce qui a été dit sur la ville de Saint-Gaudens, ancienne capitale du Nébouzan, 1re partie, pages **3** et suivantes.

Nous ne résistons pas au désir d'ajouter aux données historiques, que nous avons déjà indiquées touchant la ville qui fut le siége des Etats du Nébouzan, quelques extraits puisés soit dans le Bréviaire de Comminges, soit dans quelques écrits de publicistes qui se sont occupés de la contrée.

« Cette ville, dit Chausenque[1], est dans la plus heureuse situation, à l'extrémité d'un plateau d'où elle domine, de Montespan à Montréjeau, la plus jolie plaine qu'arrose la Garonne ; et, du côté des montagnes, la vue réunit toutes les beautés. Les premiers mornes, déjà hauts, cachent en partie les frais vallons d'Aspet et d'Encausse, où sont, ainsi qu'à Labarthe, des eaux thermales salines qui avaient autrefois de la célébrité. Plus loin, la grande vallée de la Garonne se fait reconnaître à sa large échancrure, et, par dessus des gradins étagés, les hautes montagnes d'où découlent ses eaux portent dans les nues leurs pics, leurs neiges et leurs glaces. Ce bel ensemble a du rapport avec celui de Pau, mais il reçoit plus de grandeur de l'élévation relative des monts qui sont en face[2].

. . . .

« D'après la légende, saint Gaudens, qui donna son nom à cette jolie ville, fut un de ces chrétiens qui, en 470, reçurent le martyre du féroce et vaillant Euric, soutien de l'arianisme, moins illustre que

---

1. *Les Pyrénées*, t. II, p. 192 et 193.
2.   O satis nunquàm celebrata tellus,
       Dulce solamen, requiesque cordis !

son fils Alaric, qui avait cessé les persécutions lorsque, jeune encore et regretté, il mourut de la main de Clovis dans les champs de Vouglé. »

On lit dans le Bréviaire de Comminges, au 30 août, Leçon v.

« La ville de Saint-Gaudens est située auprès de la Garonne, à deux lieues de la cité de Comminges. Elle tire son nom du saint qui y fut martyrisé. Là se trouvait un antique oratoire, érigé sur les ruines d'une vieille église, fondée par saint Saturnin[1] et renversée par les Barbares : il était placé sous l'invocation de saint Pierre et de saint Gaudens. Au onzième siècle, Bernard, comte de Comminges et ancien évêque, l'agrandit et l'orna magnifiquement. Pour y chanter les louanges divines et pourvoir à la célébration du culte, Bernard installa près de l'église un chœur de chanoines à qui furent assignés, dans ce but, des revenus considérables. Dépositaire des reliques du jeune martyr, l'église de Saint-Gaudens fut, dans les temps les plus reculés, l'objet d'une vénération toute particulière : témoin la translation qui eut lieu l'an 1315, un samedi fête du saint patron, le lendemain de la fête de la Décollation de saint Jean-Baptiste. Le siége épiscopal étant vacant, la translation du corps fut célébrée par les chanoines, sous la présidence de Bertrand de Bartha, archidiacre de Saint-Gaudens. En l'an 1443, Béranger, chanoine d'Urgel, vicaire général du cardinal de Foix, sépara des autres reliques une portion du chef et quelques ossements qu'il déposa dans une précieuse châsse d'argent. »

« Enfin, dit encore le Bréviaire (Leçon vi), Gailhard de l'Hopital, évêque de Comminges, reconnut juridiquement, en l'année 1506, les dépouilles sacrées du martyr, renfermées dans une châsse d'airain ornée de peintures encaustiques ; et voici comment il les décrit : « Deux dents placées dans leur alvéole, une partie de la machoire, un fragment du crâne et de l'os supérieur du bras. » Ces ossements, à cause de la terreur qu'inspirait le commandant des hérétiques, Montgommery, qui ravageait les temples par le fer et par le feu, furent transférés hors du diocèse, dans l'église de Saint-Michel de Mondavezan (dépendant du chapitre de Saint-Gaudens). » Ils ont été solennellement transférés, au mois de mai dernier, dans la basilique Saint-Sernin de Toulouse

---

1. En complément de la note, p. 3 et 4, nous citerons Catel, *Mémoires sur le Languedoc*, livre v : « La commune tradition est que Saturnin était disciple des apôtres et qu'il fut envoyé par sainct Pierre pour prescher la foy crestienne tant en France qu'en Espagne ; et les deux anciennes légendes que j'ay chez moy escrites à la main, le nomment disciple de Nostre Seigneur, et disent qu'il auoit ouy prescher Jean au désert, qu'il auoit esté toujours avec nostre Sauveur ; et qu'après sa Passion il fut envoyé en ces quartiers par sainct Pierre pour y semer la foy. A quoi sont aussi conformes les anciens monumens et inscriptions que nous voions de sainct Sernin... »

Ce fut à Saint-Gaudens que naquit, vers la fin du onzième siècle, saint Raymond, fondateur de l'ordre religieux et militaire de Cala-trava. Le saint avait fait profession au monastère de l'Escaladieu, dé-pendant de l'abbaye de Cîteaux. Etant passé en Espagne. où il devint abbé de Fitère en Navarre, il fut mis à la tête de vingt mille hommes et délivra avec eux la place forte de Calatrava dont les Maures s'étaient emparés. Pour remercier le Très-Haut de ses grâces et de la bravoure qui lui avait été communiquée, Raymond fonda l'ordre que nous venons de désigner et que les souverains pontifes, comme les rois d'Espagne, enrichirent de beaux priviléges.

En 1569, Montgommery saccagea Saint-Gaudens dont il tenta de brûler l'église, « et quantité de pierres conservent encore quelque rou-geur du grand feu allumé pour brûler la petite porte sous le clocher. » Les précieuses archives de la ville furent anéanties.

Les évêques de Comminges résidaient de préférence à Saint-Gau-dens ou à Alan. Ils possédaient aussi, depuis 1260, la terre de Saint-Frajou, donnée à l'évêché par Arnaud III, fils de Bernard III, comte de Comminges, et de Béatrix. Avant d'être élevé au siége épiscopal, ce prélat avait été moine de Bonnefont.

Voici enfin l'aperçu que donne, sur l'histoire de Saint-Gaudens, H. Castillon (d'Aspet), dans son *Histoire de Luchon* et *Notices diverses*, 3e édit., p. 261 :

« D'après le texte de la grande charte qui fut le code politique de la cité, il est certain que la ville de Saint-Gaudens a été exclusivement féodale. Aussi, en l'année 1203, Bernard, comte de Comminges, faisant à ses habitants de nombreuses concessions territoriales, leur rappelle qu'ils en étaient redevables aux bons et fidèles services rendus à leurs *maîtres*.

« Si Gaston de Foix, qui les réunit à son domaine en 1334, leur oc-troya des franchises, ce ne fut que comme gardes des limites et frontières de la suzeraineté du côté de l'Espagne. Les conseillers de la ville devaient être des plus qualifiés.

« Les règlements étaient plus seigneuriaux que municipaux. On trouve, au reste, dans la grande charte, la disposition suivante : Le juge seigneurial tiendra la droite au conseil ; il sera assis sur une chaire, en lieu éminent et honorable, et aura la préséance sur les con-suls.

« Lorsqu'en 1334, Gaston de Foix commença à distraire Saint-Gaudens du comté de Comminges pour en faire la capitale du Nébou-zan, sa destinée politique ne fut point en cela plus améliorée. Alors s'ouvrit pour la ville un ère de malheurs qui la firent tomber success-vement de la maison de Foix au pouvoir de la couronne de Navarre (par les sires d'Albret), et de celle-ci aux mains des rois de France[1].

« Pillée d'abord par les Anglais, en 1563, elle éprouva de la part des Huguenots tous les malheurs d'une ville prise d'assaut »

« Le comte de Montgommery, chef du parti réformé contre les catholiques qui occupaient presque tout le Béarn, « partant du Quercy, franchit la Save et l'Ariége, et, gagnant les monts Pyrénées, fit passer la Garonne à ses troupes par Saint-Gaudens qu'il saccagea[2]. »

« Plus tard, sous la Fronde, en haine du parti du roi que les habitants ont toujours embrassé et soutenu, la ville est pleine de garnisons étrangères. Il n'est pas jusqu'aux guerres malheureuses de Louis XIV qui ne lui aient fait éprouver des charges onéreuses par le cantonnement forcé qu'établissaient là plusieurs régiments de cavalerie, et notamment la compagnie du duc de Noailles.

« En dépit de ces désastres, la ville de Saint-Gaudens n'en est pas moins aujourd'hui une des plus jolies et des plus agréables du département. »

II

Note à rapprocher des pages 8, 9 et 14 de la première partie

L'impression de notre travail touchait à sa fin, lorsque passait sous nos yeux un acte de transaction sur procès, du 11 mars 1778, où l'on trouve la preuve que Labarthe, comme Labroquère[3], dépendait du siége sénéchal de Pamiers, pour la justice. Peut-être même cette singularité, dont nous ne sommes pas en mesure de fournir l'explication[4], s'étendait-elle aussi aux communautés d'Ardiége, de Gourdan et de Barbazan, les trois autres dont parle M. de la Houssaye dans le fragment reproduit à la page 9. Ce passage désigne, en effet, les cinq communautés de La Barthe (Labarthe), Ardiége, Gourdan, Barbazan et Labroquère comme possédant chacune un assesseur des quatre *curiaux* de Rivière, « y exerçant la justice par prévention » c'est-à-dire avec le droit d'agir ou d'être saisis les premiers, « avec le juge de Saint-Gaudens. » Or, les appels des sentences de celui-ci étaient portés « au sénéchal et présidial de Toulouse. » De telle sorte que les mêmes

---

1. Nous avons dit ailleurs qu'il y avait pour nous incertitude sur le point de savoir si c'est bien en même temps que le Béarn que le Nébouzan fut réuni à la couronne de France.

2. Montluc, *Mémoires*, p. 331.

3. Voir p. 14, *loc. cit.*

4. C'était là probablement un reste de l'ancienne domination de la maison de Foix sur le Nébouzan. Ces *curiaux* de rivière ne rappellent-il pas, à certains égards, les *scabins* du temps de Charlemagne qui avaient le droit d'établir des *assesseurs* dans divers lieux et de leur déléguer leurs pouvoirs ? (Se reporter à la page 9.)

justiciables pouvaient être appelés devant un juge d'appel différent suivant que les curiaux de Rivière, juges des lieux précités, ou le juge-mage de Nébouzan avaient connu du litige en premier ressort.

Ce que M. de la Houssaye ne dit pas dans son *Mémoire sur la généralité de Montauban* (1698), le document que nous analysons nous l'apprend d'une manière certaine, du moins en ce qui concerne les « terres de Labarthe. »

Quoi qu'il en soit, nous rencontrons ici un nouvel exemple du défaut de concordance des ressorts judiciaires avec les circonscriptions administratives, financières et diocésaines que nous avons déjà signalé et que l'on constatait fréquemment dans nos anciennes provinces.

La transaction prémentionnée, rédigée sur parchemin, au timbre de 20 sols de la généralité d'Auch, explique « *qu'il y avait procès entre les parties sur la demande formée par exploit du 29 may 1759... qu'il a été rendu là-dessus sentence par les curiaux de Rivière, le 31 juillet 1759... que l'une des parties s'est rendue appelante devant M. le sénéchal de Pamiers.* »

L'acte contenant les stipulations transactionnelles fut retenu par Gazave, notaire à La Barthe-Rivière, diocèse de Comminges, *sénéchaussée de Pamiers.* Cette communauté, aussi bien que celles de Labroquère, Ardiége, Barbazan et Gourdan n'en dépendaient pas moins, à la même époque, de la sénéchaussée administrative du Nébouzan, avec le vicomte d'Erce pour sénéchal de robe courte. Ces cinq localités appartenaient à la châtellenie de Sauveterre[1].

Le titre dont il s'agit porte une double mention relative à la perception des droits de finance. La première est consignée en travers et dans la marge. Elle est ainsi conçue : « Ensaisiné et enregistré tout au long par le receveur particulier des droits domaniaux du baron d'Huos, sans préjudice des droits de lods et ventes, 16 juin 1778. »

L'autre mention, écrite à la fin du contexte de l'acte, après la signature du notaire, est celle-ci : « Ensaisiné par nous, fondé de pouvoirs de MM. les administrateurs généraux du domaine du Roi, reçu 4 livres, 10 sols pour l'ensaisinement et contrôle d'icellui, d'un pré situé dans le domaine d'Ardiége; baillé aux sieurs, etc... à Saint-Gaudens, au bureau, le 2 avril 1778. »

Le pays de Rivière où les curiaux rendaient la justice s'étendait, dit M. l'archiviste Roschach, sur les deux rives de la Garonne entre Saint-Gaudens et Saint-Bertrand de Comminges. C'était toute cette splendide corbeille de verdure où l'œil plonge avec délices du bord des plateaux du Nébouzan. Avant Philippe le Bel, ce territoire appartenait aux vicomtes de Lomagne et n'était rattaché par aucun devoir féodal à la domination des comtes de Comminges. La vicomté de

---

1. Voir p. 17. — Voir aussi le procès-verbal des États de Nébouzan du 20 février 1743, touchant l'allocation pour la pépinière de Labarthe.

Lomagne étant passée par un mariage aux comtes de Périgord, Philippe le Bel (1285-1314) acheta ou se fit céder le pays de Rivière qui s'accrut tour à tour de plusieurs places et châteaux dans les terres d'Astarac, de Bigorre, de Magnoac et de Comminges.

III

Le blason du Nébouzan, qui accompagne le titre de cet opuscule, donnerait-il raison à M. le syndic Audibert Montalègre lorsque, dans sa protestation relatée à la page 72, il soutient que « le Nébouzan » n'a jamais fait partie du comté de Comminges et qu'il a toujours » fait un corps séparé, dépendant de l'ancien domaine de Navarre.... » vérité qui a été plusieurs fois reconnue par le gouvernement...? »

Quoi qu'il en soit, nous avons nous-même relevé l'estampage du vieil écusson[1] qu'on aperçoit, sculpté en relief, au-dessus de la porte intérieure méridionale de l'hôtel de ville de Saint-Gaudens, sous le grand perron, et il en résulte qu'aucune de ses pièces ne rappelle les armes de la maison de Comminges.

L'écu est seulement écartelé de Béarn et de Foix. Il porte *d'or, un et quatre à deux vaches de gueules, l'une sur l'autre, accornées, accolées et clarinées d'azur*, qui sont de Béarn, et *deux et trois, d'or à trois pals de gueules*, qui sont de Foix[2].

Sur le champ extérieur, d'azur, on voit en pointe, à *dextre* et à *senestre*, la cloche d'argent de la châtellenie et communauté de Saint-Gaudens.

Il n'existe donc dans l'armorial du Nébouzan, tel qu'il nous a été conservé, aucun attribut indiquant ou même rappelant, par quelque allusion, l'ancienne suzeraineté du Comminges.

L'écusson de Muret, au contraire, rappelle encore que cette châtellenie a appartenu aux comtes de Comminges qui en firent le siége de leur gouvernement. Il est écartelé, un et quatre, de trois tours, puis, deux et trois, des quatre amandes ou otelles adossées de Comminges. Les émaux de ce blason sont incertains.

1. Il a ensuite été dessiné sur nos indications par un de nos jeunes compatriotes, M. Jules Payrau, lauréat de l'école des Beaux-Arts de Toulouse.

2. Fond d'or, avec, au premier et quatrième de l'écu, deux vaches rouges, l'une au-dessous de l'autre, portant cornes et collier avec une clochette couleur d'azur ; au deuxième et troisième compartiment ou quartier, sur fond d'or, trois pals ou pieux rouges.

Cet écusson est le même que celui de Gaston III de Foix (1331-1391) surnommé *Phœbus* à cause de sa beauté. Le *Catalogue des Connétables, etc.*, le désigne aussi sous le nom de messire Bernard, comte de Foix, « *autrement dit sans propos Gaston de Foix.* » Il avait épousé Agnès, sœur de Charles le Mauvais, roi de Navarre, à qui le Béarn appartenait. C'est ce même Gaston qui bâtit le château de Pau, augmenté plus tard.

Les deux cloches de la châtellenie de Saint-Gaudens sont d'argent et placées, l'une à droite et l'autre à gauche, débordant l'écu, avec fond d'azur.

Quant aux tours, elles figurent le château-fort *(murellum, muretum)*, que construisit, dans la seconde moitié du onzième siècle, Pierre de Raymond, en exécution des engagements pris par lui envers les Toulousains, et autour duquel vinrent se grouper *habitans et manans,* espérant y trouver protection et sécurité.

Godefroy, seigneur de ce château sous la suzeraineté de Bernard-Aton, maria sa fille Dias avec Bernard, comte de Comminges, lequel maria, à son tour, Bernarde sa fille à Roger, vicomte de Carcassonne, Razès et Albi. Godefroy, l'aïeul, donna à celle-ci le château de Muret, dont il avait déjà disposé cependant en faveur de sa fille Dias et qu'il avoua tenir en fief dudit Roger. Mais cette donation fut faite à condition que, si ce dernier mourait sans avoir eu d'enfants de Bernarde, le château de Muret reviendrait au comte de Comminges : ce qui advint vers 1140.

IV

Les documents sur le comté de Foix et la charte d'Alaon (845), au diocèse d'Urgel, en même temps qu'ils nous apprennent que les comtes de Comminges tiraient leur origine de la maison de Foix, nous montrent que le Couserans fut réuni, dès le dixième siècle, au comté de Comminges en la personne d'Arnaud, fils d'Asnerius.

C'est à cette époque lointaine qu'il faut remonter, pour trouver le lien traditionnel en vertu duquel les représentants du pays de Couserans furent, comme ceux du Nébouzan, convoqués en la sénéchaussée de Comminges pour y élire conjointement les députés aux Etats généraux de 1789.

V

Après sa réunion à la couronne, le comté de Comminges avait pris sa place parmi les *pays d'Etats,* comme le Languedoc, la Provence, le comté de Foix, le Nébouzan, le Marsan, le Bigorre, les Quatre-Vallées. Ce privilége cessa pour lui, comme pour la plupart de ces provinces, par suite de l'établissement en Guyenne des *Elus,* de ces officiers royaux dont nous avons parlé, sous la surveillance desquels la taille était perçue et dont les fonctions rendaient à peu près inutile la tenue des Etats. Toutes les suppliques en faveur du rétablissement de l'ancien privilége étaient demeurées vaines lorsque parut, au mois de juin 1787, l'édit portant l'établissement des assemblées provinciales là où il n'y avait pas d'*Etats provinciaux,* pour la répartition et l'assiette de toutes les impositions, pour l'administration de la province et « à l'effet de faire au roy toutes représentations et de lui adresser tous les projets jugés utiles pour le bien du peuple. »

En exécution de l'édit, la généralité d'Auch fut divisée en cinq districts et l'un fut composé de l'élection de Comminges et du Couserans, comprenant une partie des arrondissements actuels de Muret, Lombez, Saint-Gaudens et Saint-Girons.

La première assemblée devait avoir lieu le 30 septembre 1787, et comme le choix du lieu de la réunion avait été laissé à l'évêque de Comminges, Mgr d'Osmond de Mondavi, désigné par le roi pour la présidence, l'évêque président choisit la ville de Saint-Gaudens pour la réunion. Il y avait à cela quelque chose d'étrange parce que Saint-Gaudens, capitale du Nébouzan, n'était pas dans le Comminges. Mais des considérations particulières déterminèrent Mgr d'Osmond dans cette circonstance. Les prélats de Comminges avaient à Saint-Gaudens une belle résidence que les derniers évêques ne cessèrent guère d'habiter, et il faut croire, comme on l'a dit, « que le choix de cette ville fut inspiré à Mgr d'Osmond par le désir de mieux fêter ses collègues. »

Quoi qu'il en soit et grâces à une anomalie remarquable, le siége ordinaire des Etats du Nébouzan devint, par exception, celui de l'élection de Comminges, qui s'assembla au palais commun, offert par les officiers municipaux, le 30 septembre 1787 : « l'évêque de Comminges, président, au fond de la salle ; l'abbé de Malafosse, à sa droite ; Messieurs de la noblesse, à gauche, suivant leur âge ; et les représentants du tiers état, également suivant leur âge, les uns joignant le clergé et les autres la noblesse. »

Parmi les membres du tiers siégea le sieur Pégot, négociant à Saint-Gaudens, mais *bientenant à Estancarbon en Comminges*, le même probablement qui fut nommé député aux Etats généraux.

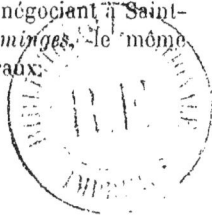

FIN

SAINT-GAUDENS, IMP. ABADIE

www.ingramcontent.com/pod-product-compliance
Lightning Source LLC
Chambersburg PA
CBHW060158100426
42744CB00007B/1075